MW01630221

"Directo, aplicable y verdadero. Este es un llamado urgente para acoger el aprendizaje. El mundo está cambiando más rápido que nunca y un buen libro puede ser su atajo para lograr el cambio que está buscando".

Seth Godin, autor de *La práctica*.

"Victor Hugo dijo alguna vez que «aprender a leer es encender un fuego». ¡Qué cierto es! Brown y Wisnewski capturan perfectamente la esencia del poder de la lectura en su maravilloso libro *El hábito de los líderes*. Este libro está lleno de tips, consejos y sugerencias excelentes acerca de por qué y cómo expandir sus horizontes a través de la lectura y cómo hacer de ello un hábito diario que le servirá para el resto de su vida. Los lectores de hoy son, sin duda, los líderes del mañana. ¡Una lectura espléndida y que vale la pena!

Stephen M. R. Covey, autor con gran número de ventas del *New York Times* y del *Wall Street Journal* por el libro *La velocidad de la confianza*.

"Si tiene la incómoda sensación de que debería leer más pero no se anima a hacerlo, este libro es para usted. *El hábito de los líderes* le da la motivación, respaldada científicamente, que necesita para convertirse en lector. Y también le da los tips y técnicas prácticas que le hacen falta para aprovechar al máximo cada libro que escoja, lo que, a su vez, hace que la lectura sea extremadamente valiosa y disfrutable. Deje que Jeff y Jesse lo guíen hacia su nueva rutina lectora".

Michael Hyatt, autor con gran número de ventas del *New York Times* y fundador de LeaderBooks.

"Puedo estar condicionado porque soy escritor, pero creo que los libros son la manera más barata y sencilla de cambiar radicalmente su vida. En este libro, Jeff y Jesse usan esa idea y la cargan al máximo con pasos realizables que usted puede empezar a usar para mejorar su carrera en un instante".

Jon Acuff, autor con gran número de ventas del *New York Times* por el libro *Piensa mejor sin pensar demasiado: la sorprendente solución para pensar diferente.*

"Leer es la libertad que desbloquea las demás libertades. *El hábito de los líderes* lo inspirará a acelerar su capacidad lectora, su crecimiento y su ímpetu para emprender. Espero que anime a todos los que pueden leer (cuatro mil millones de nosotros) a enseñarles a los que no pueden (otros cuatro mil millones que están vivos ahora). Me alegra que esté leyendo y liderando con el libro de mis amigos".

Mark Victor Hansen, autor con gran número de ventas y cocreador de *Sopa de pollo para el alma, Millonario en un minuto* y la serie *¡Pregunta!*

"Si quiere leer más y tener más retentiva, Jeff y Jesse han agrupado un gran tesoro de ideas prácticas para usted. En *El hábito de los líderes* encontrará cientos de las mejores prácticas que podrá usar para revolucionar la manera en la que lee".

Mark Miller, vicepresidente de High Performance Leadership, Chick-fil-A, Inc. y autor con gran número de ventas internacional de *Gane cada día*.

"Este libro extraordinario le cambiará la vida, desbloqueará su potencial y le permitirá alcanzar cualquier meta que se proponga. Las personas más ricas y exitosas del mundo han conseguido sus riquezas y sus premios gracias a la lectura, empezando a menudo con casi nada, así que usted también puede hacerlo".

Brian Tracy, conferencista, autor, consultor y millonario por mérito propio.

"Jeff y Jesse han escrito un libro que debe leer acerca de cómo la lectura puede cambiarle la vida. Empiezan *El hábito de los líderes* compartiendo inspiración y motivación apoyadas en la ciencia para que lea más. Luego le presentan ideas fáciles de adoptar que lo ayudarán a leer más rápido y a entender por completo lo que lee. Finalmente, comparten maneras creativas de llevar libros a su vida y llevar el nuevo conocimiento que ha adquirido de las páginas a otras personas. Ya sea usted un lector ávido o uno en formación, *El hábito de los líderes* lo llenará de ideas e inspiración que permitirán que la sabiduría que está atrapada en los libros lo guíe en el camino de la vida".

Pamela Wilson, autora de la serie de libros *Master Content*.

"Al crecer en una familia pobre sin radio o televisión me di cuenta de que los libros eran mi salvavidas para acceder a un mundo más amplio. Esos libros me llevaron a lugares alrededor del mundo, me permitieron aprender de las mentes más brillantes de la historia y me abrieron las puertas a una vida de riquezas y alegría. Hoy en día los libros son mis posesiones más preciadas y no por su valor monetario, sino por lo que representan en la transformación que tuvo mi vida. Aquí tiene una guía para potenciar su vida y explotar sus oportunidades para liderar bien".

Dan Miller, autor de *48 días para amar tu trabajo* y presentador del pódcast *48 Days*.

EL HÁBITO DE LOS LÍDERES

DESCUBRA CÓMO LA LECTURA
PUEDE AYUDARLO A EXPANDIR SU MENTE,
DESBLOQUEAR SU CREATIVIDAD Y
TOMAR MEJORES DECISIONES

JEFF BROWN Y JESSE WISNEWSKI

TALLER DEL ÉXITO

Publicado por:
Taller del Éxito, Inc.
Sunrise, Florida 33323
Estados Unidos
www.tallerdelexito.com

Editorial dedicada a la difusión de libros y audiolibros de desarrollo y crecimiento personal, liderazgo y motivación.

Traducción y corrección de estilo: Isabela Cantos
Diseño de cubierta: Diego Cruz
Diagramación: María Alexandra Rodríguez

ISBN: 9781607387046

Printed in Colombia. Impreso en Colombia

24 25 26 27 R|CL 05 04 03 02

Dedicatoria de Jeff

Para Matt "Austin" Shuff y Seth Godin, quienes, aunque nunca se han conocido, se aliaron en el 2003 para ayudarme a reavivar mi amor por la lectura.

Para mi madre, Peggy, y mi padre fallecido, Joseph, por una infancia increíblemente amorosa.

Y para todos los que alguna vez han escuchado el pódcast *Read to Lead*. Sin su apoyo estos últimos ocho años este libro sencillamente no existiría.

Dedicatoria de Jesse

Para Jessica, mi amor, llenas mi vida de amor
(y de palabras que escribir).

Para mis hijos, Peyton, Jude, Elizabeth, Jonah y Evelyn, rezo para que adopten y siempre lleven con ustedes el amor por la lectura.

Contenido

INTRODUCCIÓN

POR QUÉ LEER UN LIBRO SOBRE LEER LIBROS

«Hoy un lector, mañana un líder».
—Margaret Fuller

Considerando que está leyendo un libro sobre leer libros para desarrollarse profesionalmente, es probable que ya valore ambas cosas. No importa si usted no es lector, si es un lector esporádico, si es un bibliófilo, si está empezando su carrera o si es un importante ejecutivo, que lea este libro nos dice que está interesado en mejorar su capacidad lectora, en afinarse profesionalmente o progresar en su carrera o negocio. También nos dice que se siente estancado o que está buscando algunos consejos para llevar su lectura, su influencia y su profesión al siguiente nivel, pero que no sabe qué hacer a continuación. Tiene preguntas:

- ¿Me ayudarán los libros a convertirme en alguien mejor?
- ¿Qué libros debería leer?
- ¿Cómo puedo aplicar lo que leo?
- ¿Hay alguna manera de recordar más de lo que leo?
- ¿Cómo puedo leer más rápido?
- ¿Es suficiente con escuchar audiolibros o leer resúmenes?

Afortunadamente está en el lugar correcto. Los libros pueden transformarlo como persona y como profesional. Y el acto de leer en sí mismo tiene la habilidad de mejorar sus habilidades para tomar decisiones, incrementar su inteligencia y abrirle más oportunidades, entre muchos otros beneficios. Para exprimir los libros que lee al máximo, todo lo que necesita es tener una visión al leer y comprender un puñado de lecciones para aprender a escoger qué leer y cómo leerlo. Después ya estará de camino a crear un hábito de lectura incambiable que les dará aliento a su carrera y sus negocios. En este libro le enseñaremos cómo hacerlo.

Antes de entrar en detalles, aclaremos unas cuantas cosas.

¿Qué significa leer para liderar?

Como lo dijo el presidente Harry S. Truman, «no todos los lectores son líderes, pero todos los líderes son lectores».

Hay más detrás de leer para liderar que solo leer libros de liderazgo, aunque sin duda pueden hacer parte de su lista de lectura. Leer para liderar se centra más en cómo la lectura en sí misma puede convertirlo en un mejor hijo, amigo, compañero de trabajo, mánager, emprendedor y, en general, en un mejor ser humano. A medida que lea libros será más capaz de entender a las personas, mejorar sus habilidades para tomar decisiones, afinar su habilidad para comunicarse y volverse alguien más creativo, pues todas esas son características de un líder moderno.

¿Eso quiere decir que sólo debería leer cualquier libro que se me antoje en el momento?

No.

Para nada.

Lo que verá en los siguientes capítulos son los beneficios asociados a leer toda clase de libros, incluyendo ficción y libros que considere entretenidos. Lo que también descubrirá serán las maneras en las que podrá identificar los libros de no ficción que debería leer para aprender nuevas habilidades y cómo (casi) dominar cualquiera a través de los libros que lea, así como unos pocos consejos sobre cómo reforzar esas lecciones.

Así que leer para liderar incluye una combinación del acto de leer y de lo que lee. A medida que lea (y lea libros relacionados a habilidades, disciplinas y características relevantes para su trabajo), se verá en una mejor posición que otros para "tomar el timón" en la vida y en los negocios.

No se necesitan habilidades especiales

Leer libros sólo requiere de una habilidad: leer.

Para millones de adultos en los Estados Unidos, leer es un reto. No hace falta sentirse avergonzado si una de esas personas es usted y tampoco existe ninguna razón para juzgar a alguien más que tenga ese problema. Más adelante exploraremos las razones por las que alguien puede ser un no lector. Y si ese es usted o alguien que conoce, hay ayuda disponible.

Asumiendo que es capaz de leer, no hace falta que adquiera habilidades adicionales para que coseche los beneficios de los libros. No necesita pedir un préstamo estudiantil enorme. Y no necesita dejar de trabajar o de estudiar para leer más libros. A veces puede que eso sea lo mejor para usted por diferentes razones, pero no tenga miedo de leer libros y de disfrutar de los beneficios que tienen.

A menudo, en su carrera y su negocio, podrá dar grandes pasos o descubrir nuevas oportunidades gracias a leer libros. Como verá después, realmente no hay un punto de comparación entre el costo de los libros y el retorno de la inversión que le dan si los compara a su vez con un título costoso, ir a la universidad u obtener un certificado.

Empiece a leer en cualquier momento

¿No ha leído un libro en meses, años o décadas?

No se preocupe. Puede empezar a leer más hoy mismo.

Jeff no tomó ni un libro durante un período de doce años entre sus veintes y sus treintas. Para Jesse, por otra parte, el primer libro que leyó por gusto fue cuando tenía veinte años. No está solo. Muchas otras personas han descubierto en puntos avanzados de sus vidas la alegría y los beneficios que les da leer libros.

A medida que aumenta su régimen de lectura, no se copie de los hábitos de alguien más y no se sienta como un fracasado si no lee docenas de libros o más cada año. Céntrese en crear un plan de lectura que se acomode a sus necesidades y que encaje con el momento vital que está experimentando. Más adelante le enseñaremos cómo hacerlo.

Luche contra los remordimientos.

No se compare con otros.

Empiece a leer más… hoy mismo.

Su yo del futuro se lo agradecerá después.

Lecciones y tips para leer en un solo lugar

A Jeff y a mí (Jesse) nos ha tomado años de lecturas, un par de cursos, investigaciones y entrevistas con cientos de autores el recopilar las lecciones que tienen estas páginas. No estamos alardeando de nuestras habilidades. En vez de eso, queremos que sepa que puede reducir su curva de aprendizaje, maximizar su capacidad lectora, ahorrarse tiempo y dinero en educación y posicionarse para progresar profesionalmente con las lecciones de este libro.

Lo que más amaríamos sería que tomara estas lecciones, las aplicara en su vida y tuviera éxito en el trabajo al que se dedique.

Cómo leer este libro

Aquí tiene tres maneras en las que puede aprovechar al máximo *El hábito de los líderes*.

1. Elija y escoja lo que lee

Escribimos *El hábito de los líderes* de tal manera que usted puede escoger qué capítulo quiere leer. Idealmente, es mejor leer la primera parte (*Por qué necesita leer libros*) para entender la visión de la lectura, pero los capítulos pueden leerse de forma individual. Si debe hacerlo, o si tiene poco tiempo, siéntase libre de leer el índice para ver qué resuena con usted y empiece por allí.

2. Use este libro como una referencia

Varios capítulos contienen lecciones que necesitará practicar, así como consejos útiles que tendrá que usar antes de leer su siguiente libro. Le recomendamos invertir tanto tiempo como sea necesario cuando llegue la hora de crear su plan de lectura, establecer un hábito lector e incrementar su velocidad de lectura. También le será útil referirse al capítulo ocho, *Cómo interiorizar un libro en su sistema,* antes de leer un libro nuevo para que se prepare para comprender y retener lo que lea.

3. Descargue estos recursos

A lo largo de este libro verá que se mencionan múltiples recursos que podrá descargar de manera gratuita. Puede esperar para descargar luego estos recursos o puede avanzar y visitar readtoleadbooks.com/resources para ver qué está disponible y acceder a ellos ahora.

Eso es todo por el momento.

Empecemos.

PARTE 1

POR QUÉ NECESITA LEER LIBROS

CAPÍTULO 1

POR QUÉ NECESITA LEER COMO SI SU CARRERA DEPENDIERA DE ELLO

«Leer es esencial para aquellos que buscan destacarse
por encima de lo ordinario».

—Jim Rohn

Hombre, no de nuevo.

Ese pensamiento se me atravesó por la cabeza (la de Jesse).

El mensaje estaba en la pared.

Estaba trabajando para una organización sin ánimo de lucro como redactor y la organización se encontraba pasando por unos cambios internos. Tenía la corazonada de que iban a eliminar mi puesto.

El no saber si iba a tener trabajo en el futuro me dejó el estómago hecho un nudo. Mi familia y yo nos acabábamos de mudar al estado de Washington desde Virginia Occidental para que pudiera aceptar este cargo, pero ahora la seguridad de mi trabajo se estaba desvaneciendo. Es difícil vivir la vida, hacer un buen trabajo y proveer para su familia cuando la estabilidad de su trabajo está en duda.

Por un tiempo, sencillamente esperé con esperanza. Continué cumpliendo con mis deberes a cabalidad y, como un intento de jugador profesional de póquer, escondí mi estrés, mantuve una buena fachada y sostuve mis cartas muy cerca del pecho. Pero el miedo de no saber qué sucedería fue demasiado como para que lo soportara por mucho tiempo. Así que, en vez de esperar a ver qué hacían conmigo, decidí actuar yo mismo.

Dado que quería quedarme con la organización, empecé a buscar maneras en las que pudiera cambiar de puesto internamente. Estaba en una misión para descubrir un trabajo diferente dentro de la organización. Afortunadamente tenía alguna idea de cuál podría ser esa posición.

Cuando acepté por primera vez el puesto de redactor, aquel era un campo nuevo para mí. Tenía un poco de experiencia para escribir (en su mayoría por trabajos académicos, libros comerciales y entradas de blog), pero no tenía experiencia escribiendo publicidad. Para ponerme al día con eso, leí varios libros sobre redacción publicitaria. Leí los clásicos, como *The Adweek Copywriting Handbook, Ogilvy y la publicidad* y *The Copywriter's Handbook*. También exploré varios títulos más actuales. Leer esos libros me presentó nuevas maneras de compartir mensajes, de llegar a las personas y de construir una marca. Aunque disfrutaba del arte de escribir, a través de la lectura desarrollé un interés por la ciencia de manejar y vender un mensaje. Casualmente también me di cuenta de que existía un rol potencial para un trabajo así dentro de mi organización, un trabajo como estratega de contenido.

Sin embargo, yo no estaba listo para esa transición. Sabía que necesitaba más entrenamiento para prepararme, pero me encontré con dos problemas muy importantes: el tiempo y el dinero.

En ese período de mi vida yo aún estaba en la universidad tratando de sacarme un título religioso. No tenía la habilidad de inscribirme a más cursos. No podía renunciar a mis estudios de ese momento y no estaba seguro de cuánto me duraría mi trabajo. Es más, estar casado, tener cuatro hijos (en ese momento) y trabajar para una organización sin ánimo de lucro no me dejaba mucho tiempo ni dinero de sobra para tomar más clases o cursos en línea. Después de descartar algunas ideas, había una última cosa que podía hacer: ¡acudir a los libros!

Antes de hablar con mi organización acerca del interés que tenía por conocer más acerca de la estrategia de los contenidos, aprendí todo lo que pude sobre el tema en unos pocos meses. El año era 2013, así que no había muchas cosas al respecto en el mercado, pero encontré varios libros muy útiles como:

- *Content Strategy for the Web* de Kristina Halvorson y Melissa Rach.
- *Content Strategy for Mobile* de Karen McGrane.
- *Clout* de Colleen Jones.
- *The Web Content Strategist's Bible* de Richard Sheffield.
- *Content Rules* de Anne Handley y C. C. Chapman.
- *The New Rules of Marketing and PR* de David Meerman Scott.
- *Managing Content Marketing* de Joe Pulizzi y Robert Rose.

Ávido por aprender una habilidad nueva, me devoré esos libros. Mastiqué hasta la última palabra, digerí los conceptos nuevos y tomé lo que aprendí para crear una propuesta. Al gastar un poco más de cien dólares en libros y al pasar muchas horas absorbiendo su contenido, gané la confianza y las habilidades que necesitaba para hacer una jugada.

Compartí la idea con mi supervisor y le gustó. La transición fue suave y fui capaz de dedicarme a un trabajo diferente dentro de la organización. Si no hubiera sido por el conocimiento que obtuve de los libros que leí, no habría sido capaz de proponer un cambio así. Por algo que no era culpa mía ni animadversión de la organización, me habría quedado sin trabajo. Lo más loco es que esa no fue la única vez que tuve que vivir una transición así. He pasado por varios cambios profesionales y he aprendido nuevas habilidades en el camino.

Ahora, no soy un multimillonario y sé que ni mis experiencias de vida ni mis logros llegarán a las páginas de los libros de historia. No he realizado grandes hazañas que hayan sido reconocidas por el mundo, los Estados Unidos de América, el lugar en donde nací o incluso por mi esposa, pero he obtenido trabajos con organizaciones reconocidas internacionalmente… trabajos que, en teoría, si nos fijamos solo en mi hoja de vida, no tendría por qué haber obtenido. Pero los obtuve gracias a algo tan simple y con tal capacidad para cambiar la vida como leer.

Los tiempos están cambiando

En los últimos diez años he pasado por varias transiciones profesionales. Aquí le dejo un resumen de mi aparentemente esporádica vida laboral:

- Vendedor de seguros (personales y empresariales).
- Gerente de una tienda.
- Guía pastoral.
- Representante de ventas de un *call center*.
- Redactor.
- Gerente de contenido.
- Gerente de *marketing*.
- Director de *marketing*.

Durante muchos años luché contra los cambios por los que había pasado. Cuando estaba en la secundaria, asumí que iría a la universidad y después trabajaría, formaría una familia y me retiraría. Tenía la idea de que mi vida seguiría una línea recta desde el principio hasta el final. Resulta que mi carrera profesional se ha parecido más a un electrocardiograma de un paciente cardíaco. Ha tenido subidas, bajadas y no se ha estabilizado.

Por una parte, algunas de mis transiciones fueron a propósito. Por ejemplo, al principio obtuve un título de *marketing*, intenté hacerme una carrera con los seguros y luego decidí renunciar a esa línea de trabajo para convertirme en un pastor. Para hacer este cambio, me vi obligado a dar un giro drástico, profesionalmente hablando.

Después de que renuncié a mi carrera con los seguros, me mudé a un estado diferente y participé en unas prácticas no oficiales dentro de una iglesia local. Esa no fue una parte fácil de mi vida. Desde trabajar en una fábrica y una tienda de manualidades y administrar una tienda de helados hasta ser mesero por las noches y los fines de semana, hice todo lo que fue necesario para poder llegar a fin de mes.

El apartamento en el que vivía tenía un tapiz rojo desteñido colgado en una pared y un papel tapiz dorado y con textura de terciopelo en los baños. Incluso hoy sigo preguntándome si no debí haber aspirado las paredes.

Por otra parte, algunas de mis transiciones profesionales no estuvieron por completo bajo mi control. Dejé un trabajo en un campo que amaba para perseguir una nueva aventura antes de que la organización implosionara por una variedad de razones. En otro trabajo hice algo estúpido (bueno, poco inteligente) y escogí renunciar a mi posición porque había levantado todo un avispero. Hubo un trabajo diferente que acepté en medio de las transiciones y que resultó no estar hecho para mí en lo absoluto. Era como una pieza cuadrada intentando encajar en un hueco circular, lo que implicó que las cosas no funcionaron bien por mucho tiempo. No sé si alguna vez se ha encontrado en una de estas situaciones, pero nunca es divertido encontrar un trabajo nuevo cuando está entre la espada y la pared.

Aquí aparece Jeff Brown

Yo (Jeff) tuve una experiencia similar: trabajé en diferentes lugares en lugar de mantener un solo camino profesional. Durante un período breve en mis veintes, un maravilloso compañero de trabajo me apadrinó y me dio unos libros de Zig Ziglar y de Og Mandino para que los leyera.

Estaba trabajando como locutor en una estación de radio local y pensando en convertirme en un vendedor de anuncios de radio como él (me dijeron que ahí es donde se conseguía el "dinero de verdad"). Él pensó que esos libros me ayudarían a tomar ese camino. Los disfruté bastante, pero batallaba mucho con cómo *aplicar* lo que estaba leyendo. Pronto me di cuenta de que esa era una habilidad completamente diferente. Tampoco ayudaba que ni siquiera estuviera convencido de querer vender, fuera dinero de verdad o no (al final resulta que no lo era).

Pasaron doce años antes de que decidí leer otro libro. Durante ese período tuve al menos ocho trabajos en tres ciudades diferentes. Mi estancia más larga en alguno de ellos fue de veintidós meses y me despidieron de cinco de aquellos. A mitad de camino, durante unos cuatro años, cambié de carrera y dejé la radio para trabajar en el negocio de la música… para luego volver a la radio. En ese período de cuatro años trabajé en cuatro sellos discográficos:

- Sello uno: veintidós meses.

- Sello dos: doce meses.

- Sello tres: doce meses.

- Sello cuatro: cinco semanas.

Ese último trabajo fue, en realidad, el único sello del que *no* me despidieron. Sí, hizo bien los cálculos. Después de tres semanas trabajando, les di el aviso de que me iría en dos semanas.

No estoy orgulloso de eso (y seguramente mi jefe estaba molesto), pero dejar esa posición para ir a mi siguiente trabajo resultó ser una de las mejores decisiones que he tomado.

Empecé con ese trabajo en mayo del 2000, pero, a diferencia de los otros hasta ese punto, no solo logré quedarme allí durante más que unos meses, sino que me ascendieron seis veces en trece años. ¿Y a qué le atribuyo ese cambio a la marea? ¿Cómo pasé de ser un maníaco que iba de un trabajo a otro a ser un empleado valorado, uno que desdeñaba el *statu quo*? Es muy simple, me tomé en serio mi propio crecimiento profesional. Para ser más específico, en el 2003 empecé a tener el hábito de leer intencional y consistentemente. Este hábito se convertiría en el mayor responsable de darme la confianza para aventurarme por cuenta propia cuando ese último período de mi vida acabó en el 2013.

KRISTY CONE, directora regional adjunta, FDIC, sobre la vida lectora.

A mediados de mis veintes, leer se convirtió en un componente clave de mi estrategia para volverme mejor. Mi carrera se ha desarrollado dentro de la industria bancaria y leo mayoritariamente no ficción de temas de negocios, economía, finanzas personales, biografías, historia, liderazgo y crecimiento personal. Pero a lo largo de los años también he explorado otros temas situacionales dependiendo de en qué punto de la vida estoy, como aquellos relacionados con la religión y la espiritualidad, con el duelo y la pérdida, con las relaciones, el trauma, la psicología o el comportamiento humano. No puedo imaginarme cómo sería yo sin los consejos y el conocimiento que obtengo de los libros. Soy un adulto funcional por lo que he leído en los libros, por el estudio personal, por las discusiones grupales y las interacciones individuales en las que doy y recibo consejos y guía. Ha llegado un punto en el que, en cualquier conversación, mi mente hace un barrido rápido de los libros que he leído y de los conceptos que he aprendido, así que mis respuestas nacen de décadas de aprender de otros a través de la lectura. El año pasado obtuve un gran ascenso en el trabajo, el cual veo como la culminación de décadas de estudio y aprendizaje que me prepararon para ese rol. Es el "último momento" de mi carrera y leer libros me ha dado las herramientas, la perspectiva y la confianza para "terminar bien".

Su carrera profesional puede ser similar a nuestra experiencia. Puede ir a la universidad para hacer una cosa y luego darse cuenta de que quiere dedicarse a algo diferente. Puede que lo despidan de su trabajo por cualquier razón. O puede sentir que está estancado en su puesto actual y sin ninguna posibilidad de avanzar o progresar. Sea cual sea su camino profesional, tenga por seguro que se encontrará con uno o dos obstáculos en el proceso.

No pretendemos ser aves de mal agüero, pero ya hemos dejado atrás los días en los que íbamos a la universidad, trabajábamos en la misma compañía y vivíamos en la misma ciudad hasta que nos retirábamos.

Entendemos que ese puede ser el caso para algunas profesiones (como las enfermeras, los doctores, los abogados, los contadores y los profesores), que tienden a vivir un desarrollo profesional más linear. Pero la mayoría de las personas experimenta cambios significativos en sus carreras. Aquí le dejaremos algunas estadísticas para que ponga los pies sobre la tierra:

- El período promedio para un empleado es de 4.6 años[1].
- El período promedio para un empleado *millennial* es de menos de 3 años[2].
- La expectativa de vida de una empresa en el S&P 500 es de apenas 15 años[3].

Sume eso a la tendencia creciente en los Estados Unidos de las empresas que contratan a trabajadores temporales (por ejemplo, con contratos de prestación de servicios o de medio tiempo) y podrá ver cómo la estabilidad laboral se desvanece[4]. Está allí un día. Ya no está al siguiente.

Puede que pase por diez o quince trabajos diferentes durante su carrera. Si usted es *millennial,* ese número seguramente será más alto. Unos estudios recientes han descubierto que los *millennials* cambian al menos cuatro veces de trabajo antes de cumplir los treinta y dos años[5].

Nuestro objetivo contándole esto no es que lance sus sueños por un acantilado. Piense más bien que le estamos poniendo un poco de alcohol bajo la nariz para que se despierte y vea una realidad que la mayoría de nosotros tendremos que enfrentar.

¡Es hora de ponerse de pie y prepararse para estos nuevos retos!

Pero ¿por dónde empezar? ¿Cómo nos podemos preparar para esta nueva realidad económica?

Es muy simple.

Nos planteamos un nuevo objetivo.

El imperativo económico de convertirse en alguien que siempre está aprendiendo

Durante años, la sabiduría popular de Estados Unidos se ha concentrado en este patrón:

- Obtener un título universitario.
- Conseguir trabajo.

- Crear una familia.
- Retirarse.

Bueno, ese patrón tiene algo de mérito, pero está incompleto para la vida de hoy.

En un punto de la historia de Estados Unidos, obtener un título universitario lo pondría en una posición en la que podía conseguir un trabajo y quedarse con esa misma compañía durante muchos años. Era muy importante la universidad de la que se graduaba y qué carrera había escogido. Pero hoy en día obtener un título universitario es un simple prerrequisito para muchos trabajos y no le garantiza obtener un trabajo dentro de la rama que estudió. Las investigaciones han demostrado que dos tercios de quienes se gradúan de la universidad tienen un trabajo que requiere de un título, pero solo el 27,3% de esos graduados están ejerciendo un trabajo que se relaciona directamente con su campo de estudio[6]. Por ejemplo, si está estudiando literatura, puede que al final termine trabajando en publicidad.

Sí, probablemente no era lo que esperaba.

Obtener un título universitario es un primer paso importante, pero no es el final. Para prepararse para los nuevos desafíos económicos a los que se enfrentará, tendrá que ampliar su mira y convertirse en alguien que siempre está aprendiendo.

Eso no es algo con lo que pueda adoptar una actitud pasiva. De acuerdo con un reporte reciente de *The Economist*, aprender continuamente se está convirtiendo en un imperativo económico[7]. En otras palabras, necesitamos aprender todo el tiempo. Debemos centrar nuestra atención en obtener nuevas habilidades y recolectar experiencias diferentes para asegurar nuestra comerciabilidad profesional.

Alguien que aprende toda la vida es una persona que se motiva a sí misma y que está comprometida con obtener conocimientos y habilidades nuevas. Usted tiene muchas maneras de lograr este objetivo: puede obtener un título nuevo, un certificado de especialización o tomar cursos en línea. Dependiendo de la ocasión, alguna de esas opciones puede ser mejor para usted y para lo que quiera lograr. Pero una de las mejores maneras en las que puede crecer profesionalmente, que además es la más accesible y flexible, es leyendo libros.

Puede que leer libros no aparezca en su hoja de vida o en su perfil de LinkedIn, pero sí aparecerán los beneficios que obtenga por hacerlo. Leer libros lo ayudará a aprender nuevas habilidades, a mejorar su capacidad para tomar decisiones e incluso le dará más oportunidades profesionales. Leer libros también lo puede ayudar a evitar errores garrafales y a reducir su curva de aprendizaje.

Si necesita ayuda para resolver un problema, sobrepasar un obstáculo o desestancarse, busque un libro sobre lo que sea que le esté pasando. A menos que le encanten el dolor y los castigos, no existe ninguna necesidad de reinventar la rueda si alguien más ya ha pasado por lo que usted está experimentando ahora. En palabras del comediante Groucho Marx: «aprenda de los errores de otros porque nunca vivirá lo suficiente como para cometerlos todos usted mismo»[8].

Piense acerca de eso de esta manera: en su trabajo o en su negocio tendrá incontables oportunidades para aprender cosas nuevas. Desde dominar nuevas habilidades hasta mejorar su habilidad para liderar a otros, cada semana podrá tener la oportunidad de crecer. Ahora, ¿acaso se aproximará al azar a estos momentos y sin apenas prepararse y reflexionar? O, por el contrario, ¿los abarcará haciendo lo que pueda y leyendo cualquier libro que pueda ayudarlo a crecer? Bien, ¿y si le dijéramos que leer libros impulsará su desempeño y lo ayudará a trabajar mejor con otros? ¿Se propondría leer más libros? Esperamos que sí.

Si quiere construir una carrera o un negocio exitosos, entonces lo animamos a que lea... mucho. Leer es un hábito común que comparten las personas más exitosas de la historia. Desde Bill Gates, Florence Nightingale, Booker T. Washington y Warren Buffett hasta Abraham Lincoln, Margaret Thatcher, Theodore Roosevelt y Winston Churchill, muchas personas de renombre han dedicado una cantidad significativa de su tiempo a leer libros.

Los beneficios de leer son muchos. Sin embargo, hoy las personas están leyendo menos que antes. Este declive pronunciado de la lectura crea la oportunidad para que usted aprenda nuevas habilidades, se alce por encima de sus competidores y cree una carrera exitosa gracias a la lectura de ciertos libros.

Ahora es su turno

Hoy es el mejor día para adoptar la actitud de querer aprender para siempre. El ayer ya no existe. El mañana no está garantizado. Hoy (el momento en el que está leyendo estas palabras) es el momento de pausar, reflexionar y evaluar qué tan bien lo está haciendo. En otras palabras, es hora de saber cuántos libros ha leído, cuántos está leyendo y cuántos le faltan por leer en la vida.

Entendemos que las autoevaluaciones pueden ser difíciles y nunca es divertido hablar del final de la vida, pero tomarse el tiempo de calcular cuántos libros tiene pendientes por leer sirve para centrar la atención de alguna manera. Al menos eso fue lo que Max Joseph descubrió.

Para superar la ansiedad que le daban las librerías y leer más libros, Max Joseph, un cineasta y presentador de televisión, grabó una película corta documentando su travesía[9]. Para esta película, habló con una variedad de personas para que lo ayudaran a enfrentarse a su lista de libros pendientes. Una de las personas a las que entrevistó, Tim Urban, compartió una lección muy perspicaz que despertará el miedo a perderse algo en el corazón de cualquiera que haya pensado alguna vez en leer más libros. En su entrevista, Tim le preguntó a Max cuánto podría vivir (sin contar con eventos impredecibles), cuántos años tenía en ese momento y cuántos libros leía cada año para estimar cuántos libros leería en toda su vida. Cundo hizo los cálculos, Tim le permitió a Max sentir todo el peso de sus hábitos actuales de lectura, de manera que pudo ver que, si no hacía un cambio, solo leería cincuenta y cinco libros más en lo que le quedaba de vida. No hace falta decir que a Max no le gustó la respuesta de esa ecuación matemática.

Este es un ejercicio muy útil y uno que lo animamos a que intente… justo ahora. Tómese dos o tres minutos para llenar esta ecuación por sí mismo:

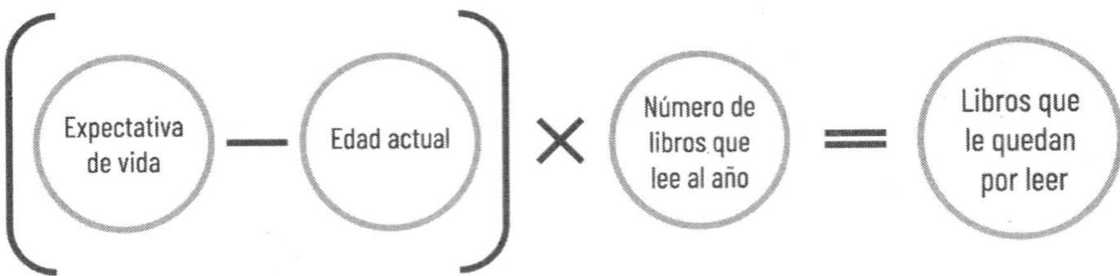

¿Cuántos libros leerá en lo que le queda de vida? ¿Cree que puede alardear de su resultado? ¿O acaso se siente estresado? Para la mayoría de las personas, incluyéndonos, esta ecuación matemática basta para encender una chispa en cualquiera que tenga algo de interés en leer más libros.

En las siguientes páginas compartiremos lecciones con usted para que tenga claro qué necesita leer, cómo leer (muchos) libros y diferentes estrategias que puede usar para retener y aplicar lo que lee. Con un poco de suerte, al final de este libro volverá a esta ecuación y se sentirá mejor con sus resultados.

Lecturas adicionales

Estos libros lo llevarán a explorar más allá su desarrollo profesional:

- *¿Eres imprescindible?* de Seth Godin.
- *Cómo ganar amigos e influir sobre las personas* de Dale Carnegie.
- *El llamamiento: cómo hallar y cumplir el propósito esencial de tu vida* de Os Guinness.
- *Extreme Ownership: How U.S. Navy SEALs Lead and Win* de Jocko Willink y Leif Babin.

CAPÍTULO 2

OCHO RAZONES CIENTÍFICAS QUE PRUEBAN QUE A LOS LECTORES LES VA MEJOR EN SUS CARRERAS

«Serás la misma persona que eres hoy en cinco años, excepto por las personas que habrás conocido y los libros que habrás leído».

—Charlie 'Tremendous' Jones

Los libros que lea pueden transformarlo. Como una reacción química en la que añade una o más sustancias para crear una o más sustancias diferentes, cada libro que lea actuará como si introdujera una sustancia nueva a su vida, la cual le permítirá crear algo nuevo. Desde las cosas que cree y las habilidades que aprenda hasta la reducción del estrés y la creación de más oportunidades profesionales, leer libros hará una gran diferencia en su vida.

Ese fue el caso para mí (Jeff).

Tomé la primera oportunidad que se me presentó para volver a la radio. Cuatro años en la industria de la música fueron suficientes para mí. No pasó mucho tiempo en mi nuevo trabajo en la radio antes de que me diera cuenta de cuán afortunado era por haber tomado esa oportunidad. La estación tenía una reputación estelar en la industria nacional. La fila de personas que hubieran amado trabajar en la compañía era de varios kilómetros y las posiciones como la que yo iba a ocupar no se abrían muy a menudo. Yo iba a encargarme del programa vespertino y tomaría el lugar que había sido de Matt, mi ahora jefe, lo cual le permitiría salir del aire por completo para concentrarse en sus deberes gerenciales (Denise, su esposa, bromeaba diciendo que yo era su empleado favorito, pues fui el que ayudó a que su esposo llegara a tiempo a la cena de nuevo).

Me estremezco al pensar en dónde estaría en mi vida y mi carrera hoy si no fuera por Matt y su decisión de contratarme. Matt es, sin lugar a dudas, el mejor líder con el que he tenido la oportunidad de trabajar. Nunca podré pagarle por las cosas que me enseñó y los valores que me inculcó. Uno de esos valores fue la lectura.

Recuerdo descubrir, no mucho después de empezar a trabajar allí, que los miembros del grupo líder se reunían una vez a la semana en una de las salas de conferencias y discutían el libro que todos estuvieran leyendo. Yo me quedaba en mi escritorio o en el estudio durante esas reuniones y me preguntaba cómo serían sus conversaciones. ¿Qué estaban discutiendo? ¿Qué estaban aprendiendo? ¿Qué epifanías estaban sucediendo? ¿Qué momentos «¡eureka!» me estaba perdiendo? ¿Por qué me importaba? ¿Por qué en ese momento?

En pocas palabras, ese grupo de personas era diferente. En poco tiempo llegué a admirarlos y al "producto" que estaban construyendo. La industria general admiraba también el liderazgo de la compañía. La cultura era una que aceptaba ideas de donde vinieran. Los estándares eran altos y nunca se dejaba de aprender.

Mucho de ese conocimiento venía de los libros. Eso no era algo que yo hubiera visto o escuchado antes. Hasta donde sabía, nadie del personal de las compañías en las que había trabajado hasta ese punto (recuerde, eran muchas compañías) estaba leyendo libros como una estrategia para afinar sus habilidades.

Me fascinaba la idea de que un montón de personas de la radio, que venían de diferentes ámbitos, estuvieran leyendo intencionalmente libros de negocios con el objetivo de convertirse en mejores empleados, de afinar sus talentos y de crecer como personas. Y gradualmente entendí que una de las razones, si no la razón principal, de que este grupo de empleados liderara la industria era que no estaban dispuestos a conformarse. Nunca asumían que sabían (o que algún día lo fueran a saber) todo. Evitaban el *statu quo* a toda costa. Entendían el valor de invitar a mentores externos y que una de las maneras más fáciles y efectivas de hacerlo era a través de los libros correctos.

Esta experiencia me ayudó a empezar a pensar mi carrera a largo plazo por primera vez. Usaré una frase que a mi madre le encantaba usar durante mi juventud y diré que "estaba empezando a levantar la cabeza".

Solo sabía que quería estar en esa sala de juntas. Eventualmente me invitaron. No sé por qué lo hicieron, pero quizás se habían cansado de mis constantes preguntas acerca de los libros que estaban leyendo y de los conceptos que aprendían. ¡Ey!, el que pregunta obtiene respuestas, ¿no?

Mi entrada a este distinguido grupo no pudo haber sucedido en un mejor momento. Al principio me presentaron libros como *Empresas que sobresalen* de Jim Collins, *Las cinco disfunciones de un equipo* de Pat Lencioni y *La vaca púrpura* de Seth Godin, los cuales alteraron por completo la trayectoria de mi vida y de mi carrera.

Leer libros de verdad puede cambiarlo y hacerlo mejor. De acuerdo con una cantidad de investigaciones y estudios, leer libros puede incrementar sus oportunidades profesionales, aumentar su capacidad para tomar decisiones y, en general, volverlo un mejor líder.

Sin embargo, hoy en día, tal como lo señalaremos en el capítulo tres, las personas están leyendo menos que antes.

Aunque este declive en la lectura es problemático en muchos niveles, le da a usted una gran oportunidad para adelantarse. «Una crisis lectora es realmente una crisis de liderazgo», escribió Michael Hyatt. «Y para las personas que saben cómo responder, *crisis* es solo otra manera de referirse a una *oportunidad*»[1].

Como lector puede alzarse por encima de sus competidores, crecer como líder y obtener una ventaja competitiva al leer más libros. Aquí le presentamos ocho razones, respaldadas por la ciencia, sobre por qué debería incorporar la lectura como parte de su desarrollo profesional.

1. Leer aumenta sus oportunidades profesionales

Si quiere obtener más oportunidades profesionales, entonces necesita leer.

Un estudio de la Universidad de Oxford reveló que los jóvenes de dieciséis años que leían libros por fuera del colegio eran más propensos a terminar en posiciones gerenciales como adultos que aquellos que no leían[2]. En este estudio, los investigadores analizaron las respuestas de más de diecisiete mil participantes acerca de sus actividades extracurriculares cuando tenían dieciséis años y sus carreras a la edad de treinta y tres. Curiosamente, fueron los participantes que leían por placer en su juventud los que tenían más probabilidades de ser gerentes, no aquellos que jugaron deportes organizados, socializaron más o tuvieron más exposición a las artes.

¿Qué tiene la lectura que la hace tan poderosa?

Cuando reflexionaba sobre estos resultados, el investigador Mark Taylor dijo: «las asociaciones positivas de leer por placer no se replicaron en ninguna otra actividad extracurricular»[3]. Como verá en el resto de este capítulo, leer le da una serie de beneficios que lo ayudarán a aprender nuevas habilidades, mejorar sus destrezas sociales y; en general, a convertirse en un mejor líder.

Si tiene más de dieciséis años y le preocupa haberse perdido la oportunidad de adelantarse al leer libros, tranquilícese. Nunca es demasiado tarde para empezar a leer. El primer libro que yo (Jesse) recuerdo haber leído por gusto fue a los veintiún años. Leer ha sido el catalizador primario en mi desarrollo profesional. Ya fuera trabajando como un gerente de tienda, como vendedor en un *call center* o como gerente sénior de *marketing* para una de las editoriales más grandes del mundo, siempre supe que la lectura fue la única actividad que me ayudó a progresar profesionalmente.

Si empieza a leer (más) ahora, quedará impresionado por los avances profesionales que podrá hacer en los próximos años.

2. Leer mejora su habilidad para tomar decisiones

Cada día toma miles de decisiones. Desde lo que come y lo que se pone hasta cómo se va al trabajo y cómo responde a los cientos de correos que se agolpan en su bandeja de entrada, usted toma hasta treinta y cinco mil decisiones cada día.

Para bien o para mal, muchas de las decisiones que tomamos durante el día son habituales. No pensamos mucho en ellas. Son casi automáticas.

Pero ese no es el caso para muchas de las decisiones que tomamos durante nuestro horario laboral. En esos momentos es importante evitar tomar decisiones malas, impulsivas o por salir del paso.

¿Cuál es la mejor manera de hacerlo? Leyendo, por supuesto.

Una investigación llevada a cabo por un trío de estudiosos de la Universidad de Toronto descubrió que leer literatura de ficción «podía llevar a tener mejores maneras de procesar la información en general»[4]. Su investigación descubrió que las personas que leen ficción desarrollaban una menor necesidad de lo que se conoce como «cierre cognitivo». En psicología, el cierre cognitivo es una manera de decir que tendemos a evitar la ambigüedad y preferimos tomar decisiones definitivas, lo cual puede implicar que se tomen malas decisiones. Este estudio sugiere que leer literatura de ficción puede mejorar su habilidad para tomar decisiones al reducir su necesidad de hacer elecciones rápidas y quizás irracionales.

Leer ficción puede ayudarlo a tomar mejores decisiones a lo largo del día, pero leer en general lo ayudará a tomar mejores decisiones todo el tiempo.

Como lo señalamos antes, hay una gran probabilidad de que un reto al que se esté enfrentando ya haya sido analizado en un libro. Así que no hay ninguna razón para descifrar las cosas por sí mismo si alguien más ya ha resuelto el problema. Deje el orgullo de lado. Encuentre un libro sobre la dificultad a la que se está enfrentando y vea qué puede aprender de su autor. Las probabilidades dicen que terminará ahorrándose una cantidad enorme de tiempo y angustias.

3. Leer reduce el estrés

En la vida sentirá estrés. No es una cuestión de si lo sentirá, sino de *cuándo* lo sentirá. Y eso no es necesariamente algo malo. El estrés es como una alarma que usa su cuerpo para centrar su atención en cualquier situación o reto al que se esté enfrentando. Por eso tiene que estar listo para manejar bien sus niveles de estrés, de manera que no permita que se le acumule por dentro como una olla a presión que solo está esperando a explotar ante cualquiera que se le cruce. Esa nunca es una buena idea.

Una de las mejores formas en las que puede manejar sus niveles de estrés es leyendo un libro. Una investigación reciente demostró que tan solo leer seis minutos al día puede reducir sus niveles de estrés en dos tercios[5]. Como un reductor de estrés, leer funcionó mejor que escuchar música, beberse una taza de té o salir a caminar.

La próxima vez que se sienta estresado, en lugar de ir por un postre, una bebida alcohólica o una porción adicional de comida, vaya por un libro. Leer es un antídoto poderoso contra el estrés. Tiene una habilidad impresionante para dar alivio rápido, para restaurar la paz de su vida y conferirle una técnica constante para manejar su estrés.

4. Leer lo ayuda a dormir

Existe una conexión cercana entre qué tan bien duerme y su estado de ánimo. Si no está descansando lo suficiente, entonces con más probabilidad sentirá mayores niveles de estrés. Cuando piensa en ella, es una ecuación simple.

Entendemos que hay momentos en los que no podrá descansar tanto como le gustaría, pero también creemos que hemos sido creados con la necesidad de obtener una buena noche de sueño. Descansar bien por la noche también está muy relacionado con sus niveles de rendimiento en el trabajo. En *Esencialismo*, Greg McKeown comparte varios estudios que demuestran que dormir no es el enemigo de la productividad, sino que más bien es «un aliado para llegar al máximo desempeño»[6].

Al prepararse para una buena noche de descanso, la Escuela de Medicina de Harvard recomienda leer como una de las mejores cosas que puede hacer[7]. En cuanto a mí (Jesse), prefiero tener a la mano libros de ficción, de historia o biografías para leerlos por la noche. Con estos libros no me preocupa dormirme en la mitad de una página, cosa que sí me pasaría con los libros de los que estoy intentando aprender algo específico.

Además, si es posible, no deje lo que quiera leer para el final del día. Por ejemplo, si está planeando leer treinta minutos al día, no espere a estar acostado en la cama para cumplir su meta. Lo más probable es que se duerma tras unas pocas páginas. En vez de eso, escoja libros que encuentre *entretenidos* para su lectura nocturna.

Con eso en mente, prepárese para dar lo mejor de sí mañana, apagando su televisor, disminuyendo la luz y leyendo un libro.

5. Leer mejora su capacidad para liderar

Los lectores luchan con el estigma de ser introvertidos extremos. Personas que evitan el contacto cara a cada por el beneficio de sumergirse en un libro. Esto no podría ser menos cierto. Leer mejorará sus habilidades para relacionarse con las personas. Lo abre a nuevas experiencias y le da la habilidad de discutir inteligentemente diferentes ideas e incluso de empatizar con las personas, la cual es una importante habilidad de liderazgo que debe poseer.

Cuando se trata de entender a otras personas, un estudio descubrió que las personas que leían durante treinta minutos a la semana reportaron un sentido más fuerte de la empatía[8]. Desarrollar la habilidad para entender a alguien más, para realmente ponerse en sus zapatos, es una habilidad que lo llevará lejos en su carrera profesional. Simon Sinek, autor de *Los líderes comen al final* y *Empieza con el porqué*, cree que poseer la habilidad para empatizar con las personas «es el instrumento más importante en la caja de herramientas de un líder»[9].

Leer biografías, libros instructivos o incluso ficción le permitirá ser capaz de interactuar mejor con las personas, lo que a su vez lo ayudará a convertirse en un mejor líder.

6. Leer lo hace más inteligente

Su cerebro es como un músculo y necesita ejercitarlo para mantenerlo saludable. Leer es uno de los mejores ejercicios para darle a su cerebro una gran rutina.

Cuando lee, ejercita su cerebro, lo que mejorará su capacidad para aprender. Piénselo de esta manera. En general, si no levanta pesas, no se volverá más fuerte. Con el tiempo sus músculos se harán más débiles. Ahora, si entrena con pesas, entonces será capaz de mejorar su fuerza. Lo mismo es cierto para su cerebro. Cuanto más ejercite su cerebro, mejor funcionará.

A diferencia de ver vídeos, leer desencadena un montón de beneficios intelectuales, como incrementar su «vocabulario, conocimiento general y habilidades verbales»[10]. Sí, puede aprender nuevas palabras e ideas viendo vídeos, pero cuando compara el conteo de palabras entre un guion normal de película, que oscila entre las 7.500 y 20.000 palabras, con la longitud normal de una novela, que oscila entre las 80.000 y 150.000 palabras, se da cuenta muy pronto de que los libros le dan una cantidad significativamente más grande de contenido que las películas. Admitiremos que leer es un reto, pero luche contra la resistencia, escoja un libro y ejercite uno de los recursos más importantes que tiene: su cerebro.

> **PAUL BUYER, profesor de música en la Universidad de Clemson, sobre la vida lectora.**
>
> Los libros han sido el único y más grande catalizador de mi escritura, mi oratoria y la forma en la que enseño y lidero. Cuando era joven odiaba leer y tenía problemas con la retención. No me interesaba ir a librerías y usé CliffNotes para sobrevivir a la secundaria. Pero un día, mientras estaba haciendo unas compras, vi *Las 21 leyes irrefutables del liderazgo* de John C. Maxwell en una vitrina y decidí comprarlo. Una vez que empecé a leer libros de liderazgo, quedé enganchado y desarrollé un hambre insaciable de crecer como persona e invertir en mí mismo. Ahora he escrito cuatro libros y tengo una carrera adicional como motivador, sin contar con mi trabajo como profesor a tiempo completo de la Universidad de Clemson y como líder nacional de la Sociedad de Artes de la Percusión.

7. Leer lo vuelve más creativo

La creatividad es una característica esencial de un líder moderno. De acuerdo con una encuesta hecha por IBM a más de mil quinientos directores ejecutivos, la creatividad quedó clasificada como la habilidad de liderazgo más importante, lo cual tiene mucho sentido[11]. La economía global es un sistema completo y hay incontables factores independientes que influencian tanto a las compañías internacionales como a los pequeños negocios de su ciudad natal. Para navegar esas aguas tormentosas, la creatividad le servirá como la Estrella Polar del liderazgo para el futuro cercano. Afortunadamente la creatividad no es algo con lo que nace o no nace, sino que es algo que puede desarrollar.

La creatividad es más que una fuerza incontrolable de inspiración reservada para los artistas, que apenas pueden aspirar a obtener su poder. En su núcleo, la creatividad incluye la habilidad de pensar en ideas originales, pero también incorpora la capacidad de reconocer tendencias, desarrollar soluciones alternativas y mezclar diferentes conceptos para formular algo nuevo.

De acuerdo con un estudio, leer ficción también puede ayudarlo a desarrollar la habilidad para volverse más creativo. En este estudio, los investigadores tenían la hipótesis de que leer historias cortas de ficción, a diferencia de ensayos de no ficción, podía incrementar la creatividad, así que les asignaron a cien participantes relatos cortos de ficción o ensayos de no ficción para que los leyeran. Querían ver si la exposición a esos diferentes materiales influenciaría su necesidad de tener un cierre cognitivo: el deseo que todos tenemos de eliminar la ambigüedad al momento de tomar decisiones. Al final descubrieron que los participantes que leyeron un relato corto de ficción sentían una menor necesidad de tener un cierre cognitivo, lo cual, de acuerdo con los investigadores, «sugiere que leer literatura de ficción podría llevar a tener mejores formas de procesar la información en general, incluyendo las ideas creativas»[12].

Quizás esto no es lo que quiere escuchar, pero leer consistentemente libros de ficción impulsará sus habilidades creativas como líder. Esto no quiere decir que tenga que leer ficción todos los días, pero sí le sugerimos que incluya una porción de historias de ficción en su dieta lectora.

8. Leer mejora su comunicación

Desarrollar su habilidad como comunicador es esencial para avanzar en su carrera, liderar a un equipo o construir un negocio exitoso. No lea esto como una orden para convertirse en un motivador reconocido nacionalmente o para conseguir una TEDx Talk de un momento a otro. Todo lo que estamos diciendo es que mejorar su habilidad para expresarse le servirá mucho mientras se esté desarrollando como líder. No solo nosotros creemos esto. Hay varios estudios que comprueban que eso es así también.

Para empezar, de acuerdo con una encuesta, la mayoría de los empleadores (el 69%) dijeron que quieren contratar personas que posean habilidades "blandas"[13]. En otras palabras, los empleadores están interesados en contratar personas que sean capaces de comunicarse con claridad. ¿Puede usted expresarse bien? Si así es, se encontrará en lo alto de la lista de los reclutadores muy pronto.

Siguiente, la comunicación clara es esencial para construir un negocio exitoso. Hablando de manera práctica, si es incapaz de posicionar bien sus servicios o productos, creará confusión entre sus compradores potenciales, lo que quiere decir que nadie hará negocios con usted. Esto tampoco se basa en evidencia anecdótica. De acuerdo con una encuesta, las empresas grandes perderán un promedio de 64 millones de dólares al año y las compañías más pequeñas perderán 420.000 dólares anualmente si su comunicación es ineficiente[14].

Finalmente, para liderar a un equipo o compañía, la comunicación está en lo más alto de las listas cuando se trata de compartir la visión, de navegar un cambio o de animar a un equipo a seguir adelante para cumplir las metas grandes.

Dado que la comunicación es esencial para desarrollarse como un líder, haga que su prioridad sea leer más libros. Y no porque nosotros pensemos que debería hacerlo, sino porque la ciencia (además del sentido común) sugiere que leer libros lo ayudará a mejorar su capacidad para comunicarse.

¿Cómo?

Según múltiples estudios, los lectores ávidos poseen un vocabulario más grande y más conocimientos específicos, cosas que naturalmente hacen que un líder pueda comunicarse mejor. Cuantas más palabras, conceptos, historias y anécdotas conozca, mejor podrá comunicarse con claridad, concisión y convicción.

Ahora es su turno

¿Está listo para empezar a leer más libros? Esperamos que sí.

Pero, antes de que lo haga, hay algo que necesita saber: no puede leer cualquier cosa.

Si quiere experimentar los beneficios de leer que mencionamos arriba, debe escoger con propósito las cosas que lea. Recuerde, su cerebro es como un músculo. Importa cómo lo ejercite y cómo lo alimente.

Si quiere disfrutar de los beneficios de la lectura, entonces necesita leer a menudo, leer variadamente y leer más allá de sus niveles de confort. Una dosis constante de cómics y de novelas de romance no le dará los mismos resultados que leer literatura clásica, biografías y muchos libros contemporáneos excelentes de no ficción.

Si es nuevo en el mundo de la lectura, le tomará un tiempo cultivar el buen gusto para los libros. Toma tiempo, esfuerzo y práctica el acostumbrarse a leer. Lo que demanda un libro es mucho mayor que lo que demanda un artículo de BuzzFeed que tiene un gran titular, pero poco contenido.

Debe leer libros que aumenten su vocabulario, que lo ayuden a navegar las circunstancias actuales y que lo equipen con el conocimiento que necesita para tomar decisiones sabias. Pero ¿qué libros debería leer?

Esa es una gran pregunta y una que no podemos responderle directamente. Sin embargo, le presentaremos los pasos que deberá dar para escoger libros que no solo le interesen, sino que lo beneficien al máximo y lo ayuden a lograr sus objetivos.

Lecturas adicionales

Vea de primera mano cómo los libros han transformado las vidas de las personas leyendo biografías como estas:

- *Lincoln* de David Herbert Donald.
- *The Rise of Theodore Roosevelt* de Edmund Morris.
- *The Last Lion* (serie de tres partes) de William Manchester y Paul Reid.

CAPÍTULO 3

LA MUERTE LENTA DE LOS LECTORES

TRES GRANDES RAZONES SOBRE POR QUÉ LAS PERSONAS ESTÁN LEYENDO MENOS

«Creo que la televisión es muy educativa. Cada vez que alguien la enciende, yo me voy a otra habitación a leer un libro».

—Groucho Marx

Yo (Jeff) conozco muy bien todo acerca de la muerte de los lectores. Mis hábitos lectores sufrieron en mis primeros años de adultez, cuando evitaba el aprendizaje a toda costa. Estaba tan "harto" de la universidad que no podía esperar a que se acabara la etapa de aprendizaje de mi vida. Lo sé. Qué idiota, ¿verdad?

Cuando recuerdo esa época, veo a un joven de veintipocos años que no tenía casi ningún objetivo legítimo que no fuera divertirse. De todas las décadas que he vivido hasta ahora, son mis veintes los que me gustaría ser capaz de vivir de nuevo.

Para mí, mis veintes fueron básicamente una década desperdiciada, una en la que viví por el momento sin pensar mucho en mi futuro a largo plazo. Si esto lo describe a usted en cualquier punto de su vida, voy a arriesgarme y a apostar que usted tampoco leyó o aprendió mucho durante esa época (excepto quizás por las "lecciones duras" que da la vida).

Aprovechar al máximo la vida que le han dado requerirá de mucha intencionalidad. Esto no significa que no pueda pasar días ocasionales navegando en internet, viendo su gusto culposo favorito en Netflix o sencillamente viviendo el día tal como se presenta. Solo haga esas cosas porque *planeó* hacerlas (y ojalá después de completar satisfactoriamente sus tareas más importantes) y no permita que se conviertan en las actividades cotidianas que realiza cada que ve un espacio vacío en su calendario.

La historia de Jeff no es un caso aislado.

En cuanto a mí (Jesse), vengo de una familia estereotípica de Virginia Occidental, con un padre minero y una madre ama de casa. La educación no fue algo que me inculcaran mientras estaba creciendo, así que aplicarme en los estudios, leer por diversión o para crecer como persona no fueron cosas que empezara a hacer sino hasta mis veintes.

Pasé las clases de Literatura por los pelos en la secundaria, tuve que tomar un curso de nivelación de Literatura en la universidad y más adelante me pidieron que tomara una clase de nivelación de escritura… y aquí estoy hoy, escribiendo un libro. Me imagino que mis profesores de la secundaria y de la universidad no podrán creerlo al principio.

¿Sabe qué más? Jeff y yo tampoco estamos solos.

En algún punto no fuimos lectores. Los caminos que nos llevaron a no ser lectores fueron diferentes, pero éramos parte de una tendencia creciente de no lectores y, hasta cierto punto, usted está bebiendo del mismo pozo.

Considere estas estadísticas como un golpe de realidad:

- El número de no lectores en los Estados Unidos se ha triplicado desde 1978[1].

- La lectura por ocio entre quienes tienen quince o más años ha caído en un 28% desde el 2004[2].

- El tiempo agregado de lectura entre los estadounidenses ha bajado de veintitrés a diecisiete minutos por día[3].

- El número de adultos que no han leído libros en el último año subió del 19% (en 2001) al 27% (en 2019)[4].

- El número de adultos del Reino Unido que leyeron un libro el año pasado bajó del 56% (en 2019) al 51% (en 2020)[5].

Estas estadísticas son mucho más que números en una página o una ecuación matemática aburrida. Representan la tendencia creciente de nuestras comunidades y de las personas con las que nos rodeamos. Estamos señalando esto porque somos más que las decisiones individuales que tomamos. Hablando con claridad, usted se ve influenciado por sus amigos, su familia, su colegio, su trabajo y su comunidad, por el ambiente que lo rodea. Si el ambiente en el que vive o las personas con las que se rodea no le dan prioridad a la lectura, las probabilidades dicen que usted tampoco lo hará. Y esto es algo que debe saber.

Cuando es consciente de sus alrededores y cómo lo influencian, puede reconocerlos, enfrentarse a ellos y luego crear un nuevo camino. En otras palabras, puede convertirse en un lector aunque nunca lo haya sido o aunque las personas a su alrededor no lean.

Veamos esas influencias de las que hablábamos.

Riqueza y educación

Los no lectores vienen en todas las formas y colores. Algunos no disfrutan leer o prefieren solo leer ciertos artículos en línea. Otros no ven el valor de leer libros. Pero muchos no lectores comparten dos características comunes: un bajo nivel económico y de educación. De acuerdo con una encuesta del Pew Research Center, la riqueza y la educación se relacionan directamente con el hecho de que alguien haya leído, o no, un libro en los últimos doce meses[6]. Por ejemplo, los participantes cuyos ingresos anuales eran de 30.000 dólares o menos tenían el doble de posibilidades de no haber leído un libro en el último año si se los comparaba con quienes ganaban 75.000 dólares o más. Es más, los adultos con un diploma de secundaria o menor nivel educativo tenían cinco veces más probabilidades de no haber leído un libro en el último año si se los comparaba con aquellos que tenían un título universitario o un mayor nivel educativo.

Si cae en alguna de esas categorías, no pierda la esperanza.

No está destinado a ser un no lector durante toda su vida.

Sin importar sus ingresos, su nivel educativo o su crianza, puede leer más libros, mejorar su comprensión lectora y experimentar los beneficios profesionales de la lectura. A lo largo de este libro le daremos un montón de consejos prácticos para que los pueda usar y empezar hoy mismo.

Si siente que lo retiene su falta de ingresos, no piense en eso.

No necesita acceso regular a un teléfono inteligente, a un computador, una tableta o un lector electrónico para leer libros. Y tampoco necesita una enorme cantidad de dinero extra. Puede pedir prestados libros de su biblioteca local, de su familia o de sus amigos. Pida que le regalen libros. Y vea si hay algunos gastos que pueda reemplazar o reducir para que pueda invertir en libros. Sea cual sea el camino que escoja, sepa que no tiene que estar atado por sus ingresos.

Ahora, si le cuesta trabajo leer, no está solo.

Un estudio realizado por el Programa para la Evaluación Internacional de las Competencias de Adultos descubrió que 35 millones de adultos de los Estados Unidos leen al nivel de un niño de cuarto grado o menos[7]. No permita que la pena, la vergüenza o un sentimiento de fracaso lo detengan. Desde el departamento de educación de su estado hasta los recursos que ofrece su biblioteca local, existen una variedad de recursos gratuitos que están disponibles para ayudarlo.

Luchar por la atención

¿Puede prestarnos atención, por favor?

El siguiente gran factor que influye en el declive de la lectura no es lo que probablemente está pensando. Es algo mucho menos malvado. Y tampoco tiene que buscar con mucho ímpetu ni por mucho tiempo para descubrir cuál es el culpable de esta tendencia. En realidad todo se reduce a uno de los recursos más preciados del mundo: su atención.

Desde el número de personas que leen hasta la cantidad de tiempo que leían, varios estudios revelaron que esta tendencia a la baja empezó en 1980. Si hace los cálculos, este declive empezó antes de la proliferación del internet, de los teléfonos inteligentes y de las redes sociales. Entonces, ¿qué pasó?

Lo que indican los datos es simple: como la gente empezó a darle más de su atención a la televisión, poco a poco le dedicaron menos tiempo a la lectura. Antes de que llegue a conclusiones falsas, no estamos diciendo que la televisión *per se* sea la culpable. Todo lo que estamos haciendo es señalar que nuestro tiempo se limita a veinticuatro horas cada día. Cuando pasamos tiempo haciendo cualquier cosa, ya sea viendo televisión, revisando las redes sociales o ejercitándonos, ese tiempo se va. Por ejemplo, si pasa cinco horas y cuarenta y seis minutos cada día frente a la televisión, el computador, el teléfono inteligente o la tableta (lo cual es el promedio nacional), entonces no le quedará tiempo para leer[8]. De muchas maneras, la razón por la que existen no lectores es muy simple.

Hay una capa más que añadir a esta ecuación: hay muchísimas cosas que quieren su atención. Los negocios grandes y pequeños quieren su atención para revendérsela a sus anunciantes o para promover directamente lo que sea que estén vendiendo. De nuevo, no estamos diciendo que esto sea algo malo. Este modelo de negocio ha existido desde hace cientos de años (piense en los periódicos, la radio y los panfletos). Lo que queremos señalar es que una cosa es aquello a lo que decide darle su atención, pero otra es saber que su atención está en las manos de ciertas corporaciones. Así que prepárese para usar su tiempo con propósito.

No culpe a la televisión, a las redes sociales o al internet por el hecho de que usted no sea un lector. En su lugar, luche por darle su atención a leer más al pasar menos tiempo haciendo lo que hacía con su tiempo de ocio. Su yo del futuro se lo agradecerá. ¿No está convencido de que deba alejarse del uso excesivo de la televisión, las redes sociales o el internet? Echémosle un vistazo a unas cuantas cosas que lo harán cambiar de opinión.

Hola, era digital

Pregunta rápida: ¿pasar horas cada día viendo televisión, navegando en internet o usando su teléfono inteligente le cambiará la vida de alguna manera?

Se acabó el tiempo.

La respuesta corta es que sí.

Pasar horas cada día haciendo lo mismo lo influenciará como persona. Por ejemplo, pasar horas cada día jugando ajedrez, ejercitándose o tocando un instrumento musical mejorarán su desempeño. Así mismo, pasar horas frente a una pantalla o usándola lo influenciará también y no de la mejor manera.

Esto no pretende hacerlo sentir culpable. En su lugar, queremos señalarle que pasar horas cada día en línea causará diferencias tangibles en la manera en la que lee, se concentra y recuerda información. Y esto es algo que necesita saber porque si actualmente pasa horas cada día pegado a una pantalla, será difícil que pase a leer más libros. Hasta un punto, experimentará cambios físicos, emocionales e intelectuales. Para aclarar aquello en lo que se está metiendo, aquí le dejamos tres cosas que debe saber mientras se esfuerza por leer más libros.

1. Sobrecarga de información

Se encuentra nadando en un mar de información. Ya sea que esté en su casa, en el trabajo, en el carro o en su teléfono, tableta o computador portátil, usted vive en un mar de información. De acuerdo con los datos recopilados por Visual Capitalist, en un minuto en línea se ven 404.444 horas de video en Netflix, 500 horas de contenido se suben a YouTube, se comparten 347.222 historias en Instagram y se intercambian 41,7 millones de mensajes entre teléfonos inteligentes[9]. Para ser honestos, es bastante difícil ver esto con perspectiva, pero hay más por analizar.

También existen 1.761 estaciones comerciales de televisión al aire en Estados Unidos[10] y 1.720 millones de páginas web en el mundo[11]. En el 2016 el *Washington Post* publicó un promedio de 1.200 historias, gráficos y videos por día. La página web del *New York Times* publicó un promedio de 230 piezas de contenido diario[12]. No solo la cantidad de contenido es impresionante, sino también la información que contiene. Si usted fuera una persona de habla inglesa normal del siglo diecisiete y agarrara la edición de hoy del *New York Times*, leería más información en una edición que la que obtendría en toda su vida[13].

Interactuar con esta cantidad de información a través de diferentes aparatos (como su teléfono inteligente, su computador o su televisor) también tiene efectos prácticos. Cuando sencillamente comparamos cuánto tiempo pasamos con los medios en relación con la escuela, el trabajo, la familia, los amigos, las horas de sueño y leer libros, todo lo demás palidece en dicha comparación. En tanto pasamos tiempo consumiendo contenido e interactuando con diferentes tipos de medios, sin darnos cuenta tendremos menos tiempo para gastar en otras cosas. Por eso es esencial que resaltemos la cantidad de medios con los que tenemos que lidiar. En un punto, el contenido era algo que debíamos escoger y consumir a conciencia, como cuando comprábamos un periódico o encendíamos la radio. Sin embargo, hoy ese es un estilo de vida.

La "sobrecarga de información" puede producir estrés, ansiedad e indecisión, entre muchas otras cosas. Pero eso es solo parte del problema. A lo largo del tiempo, si pasamos más horas del día consumiendo medios e interactuando con aparatos electrónicos, también podemos encontrarnos con otros comportamientos que cambian la vida, lo cual nos lleva al siguiente punto.

2. Navegando y escaneando

Hace unos años la Radio Pública Nacional jugó una broma épica el Día de los Inocentes (que en Estados Unidos se celebra en abril).

El primero de abril del 2014, la RPN publicó un artículo que no tenía contenido a propósito y se llamaba *¿Por qué Estados Unidos ya no lee?*[14]. Después de que el artículo se compartió en redes sociales, llegaron las personas histéricas a los comentarios, haciéndoles saber a los de la RPN que ellos todavía leían. Bien, resulta que eso solo comprobó la teoría. Si los ávidos comentadores hubieran abierto realmente el artículo, habrían visto este hermoso mensaje: «¡Felicidades, lectores genuinos, y feliz Día de los Inocentes!».

Aunque esa fue una broma muy graciosa, desafortunadamente señala algo que no es gracioso para nada. Esta broma la hicieron en el 2014 y la manera en la que las personas interactúan con el contenido en línea hoy en día se ha vuelto peor. Incluso asumiendo que alguien de verdad abra un artículo que fue compartido en redes sociales, puede que de todas maneras no lo esté leyendo.

Considere estas estadísticas:

- La mayoría de las personas pasan quince segundos o menos en una página web[15].

- Las personas no leen cada palabra en línea, escanean el contenido[16].

- Los usuarios de las páginas web escanean el contenido con diferentes patrones, incluyendo el patrón en F o el patrón aleatorio. No leen linealmente o línea por línea, como en un libro[17].

- La mayoría de las palabras de dos o tres letras se saltan en el 75% de las ocasiones[18].

- La gente leerá alrededor del 20% del texto de una página web normal[19].

Adicional a eso, la búsqueda de información en línea está diseñada para llevarnos a escanear algo rápido y que sigamos adelante. Reflexionando sobre esta realidad, Nicholas Carr, el autor de *Superficiales*, dijo: «a Google le interesa económicamente que cliqueemos tan a menudo como sea posible. Lo último que quiere la compañía es estimular la lectura por ocio o los pensamientos lentos y concentrados. Google, de una forma bastante literal, está en el negocio de la distracción»[20].

¿Qué queremos lograr al compartir esto con usted?

Leer en línea cambiará la manera en la que lee para que navegue, se salte cosas y escanee, no para que se concentre, lea linealmente (de izquierda a derecha y desde el inicio hasta el final) y que piense en lo que está leyendo. La manera en la que lee en línea no es la forma en la que se supone que debe leer los libros. Si pasa horas todos los días leyendo en un teléfono inteligente, un computador o un portátil, su cerebro se adaptará a leer en línea y no a leer un libro físico.

Si toma un libro para leerlo, no se alarme si tiene problemas al principio. Existe una buena probabilidad de que le tome tiempo modificar la forma en la que ha estado escaneando el contenido en línea para leer un libro físico. Una gran diferencia radica en su habilidad para concentrarse por períodos largos de tiempo, lo que nos lleva al siguiente punto.

3. Intervalo de atención

El duelo de miradas es un juego que mis hijos y yo (Jesse) jugamos de vez en cuando. Las reglas son simples: dos personas se miran fijo hasta que una parpadea o mira hacia otro lugar. La primera persona que lo haga, pierde.

Ahora, imagínese jugando algo similar con un pez de colores. Sin embargo, en vez de mirarse fijo, deben concentrarse en una cosa. La persona (o pez) que pierda la concentración primero, pierde el juego. ¿Cree que podría ganar? Bien, de acuerdo con un estudio, usted probablemente perdería contra el pez[21]. Vaya.

Esto es lo que tiene que saber: la era digital ha hecho que nuestros intervalos de atención se hagan más cortos. Básicamente, hoy en día es más difícil que antes concentrarse en una cosa por más de ocho segundos. Y al decir esto tampoco es que seamos unos alarmistas proclamando una teoría de la conspiración.

De acuerdo con un estudio hecho por la Universidad Técnica de Dinamarca, el intervalo de atención global se está haciendo cada vez más pequeño[22]. Dicho de otra manera, la cantidad de atención que le dedicamos a una cosa está bajado porque tenemos demasiada información que intenta llevarse nuestra atención. Para comentar este estudio, Philipp Lorenz-Spreen dijo: «el volumen de los contenidos está aumentando, lo cual agota nuestra atención y nuestra necesidad por la 'novedad' hace que cambiemos colectivamente de temas con más regularidad»[23]. Cuando estamos bebiendo de la manguera del contenido, llega un punto en el que no podemos tomar más.

La cantidad de información disponible no es lo único que está haciendo que sea difícil que nos concentremos.

Y tenemos 221 razones para explicar por qué.

Según una encuesta, una persona normal lleva a cabo 221 tareas diferentes cada día en su teléfono inteligente[24]. Cuando se tienen en cuenta las ocho horas de sueño, esto significa que usted está manipulando su teléfono unas catorce veces por hora. Me gustaría creer que no tomo mi teléfono inteligente tantas veces, pero me está costando mucho convencerme de lo contrario. Soy la regla y no la excepción en lo que a revisar constantemente mi teléfono se refiere. Y la batalla por la atención no se detiene con nuestros teléfonos.

Vivimos vidas ocupadas.

Personalmente, estoy casado, tengo cinco hijos, trabajo a tiempo completo, participo en las actividades de nuestra iglesia local, me ejercito con regularidad, hago voluntariado como mentor, leo libros y también los escribo. Concentrarme en lo que está frente a mí es todo un reto. Algunos días lo hago bien. Otros días fracaso miserablemente (puede preguntárselo a mi esposa, quien a menudo tiene que redirigirme).

No estoy solo en la lucha contra las malas y buenas distracciones. Todos nosotros nos vemos bombardeados por correos electrónicos, notificaciones, mensajes de texto, mensajes instantáneos, publicidad e (ojalá) interrupciones placenteras de la familia, amigos o colegas.

Estar distraído es más que una molestia. Las distracciones pueden tener consecuencias mortales y prácticas.

De acuerdo con un reporte, aproximadamente nueve personas mueren y más de mil terminan heridas por accidentes de tránsito en Estados Unidos cada año por culpa de conductores distraídos[25]. Y, hablando de una forma más práctica, le tomará veintitrés minutos y quince segundos volver a su tarea original después de distraerse[26].

Entonces, sí, nadar en un mar de información y luchar contra las incansables distracciones es retador en general, pero es un enorme obstáculo al que hay que sobreponerse para leer libros. No hace falta decir que leer un libro será más difícil para usted hoy en día que para alguien de hace diez o más años, pues usted debe luchar con más distracciones y además ha estado entrenando a su cerebro para que escanee el contenido.

No tiene que oponerse a la tecnología para leer más libros.

No tiene que cambiar su teléfono inteligente por uno antiguo.

No tiene que tirar su televisión o evitar las películas.

Y no tiene que deshacerse de su lector electrónico.

Puede crear límites sanos con la tecnología y leer más libros. Pero hay una salvedad: tendrá que luchar para concentrarse porque vive en la era digital. Realmente no hay ninguna manera de evitar experimentar una de las consecuencias que hemos mencionado antes a menos que se adhiera estrictamente al minimalismo digital o viva una vida aislada.

Tres pasos para concentrarse

Afortunadamente puede leer más libros sin rechazar la tecnología, deshacerse de su lector electrónico o borrar sus aplicaciones. De hecho, en realidad no es tan complicado. Solo hay tres pequeños pasos que deberá dar para ayudarse a sí mismo a concentrarse mientras lee.

Paso uno: sepa cómo se sentirá

Asumiendo que cae dentro del rango de uso de pantallas mencionado anteriormente, experimentará toda clase de cosas cuando se siente a leer un libro. Desde la inhabilidad para mantenerse concentrado a sentir algo de ansiedad por estar separado de sus aparatos, es probable que no se sienta genial. Así que no se alarme cuando esto suceda. Prepárese para que suceda.

Paso dos: reduzca sus distracciones digitales

Usted no es una víctima de la era digital. Puede eliminar las distracciones digitales cuando lea. Eso puede incluir el dejar su teléfono en otra habitación y leer en un lugar que no tenga pantallas.

Al principio, remover las distracciones digitales es esencial para entrar en el camino del éxito. Se verá tentado a revisar su teléfono o hacer algo más mientras lee. Estar en un lugar libre de cualquier cosa digital (o lo que sea que lo distraiga) lo ayudará a luchar contra las tentaciones y distracciones.

> **JEVONNAH ANTWINE ELLISON, mentora de alto rendimiento, sobre la vida lectora.**
>
> Tengo muchos libros a mi alrededor y eso me encanta porque me recuerda en dónde estaba en un punto específico de mi vida. Siempre puedo volver y decir «wow, recuerdo que estaba pasando por esto cuando leí aquello» o «esto es algo que puedo aplicar en cómo estoy viviendo mi vida ahora mismo». Después de leer *Minimalismo digital* de Cal Newport y *Elimina la prisa de tu vida* de John Mark Comer, logré ponerles límites a las redes sociales. Me di "tiempos bloqueados" y "tiempos de revisión tecnológica" en los que podía ponerme al día con las redes sociales en lugar de estar conectada a ellas 24/7. Leer estos libros también me impulsó a borrar aplicaciones insignificantes de mi teléfono. Empecé a usar la tecnología de una forma más humana, de manera que mis objetivos se apoyaran en la tecnología y no estuvieran controlados por ella.

Esto no significa que no pueda leer libros electrónicos. Si prefiere los libros electrónicos, adelante. Pero cuando esté leyendo en un dispositivo, hágalo con propósito. Apague las notificaciones. Mueva las aplicaciones distractoras de su teléfono a una pantalla diferente. Y haga todos los cambios que necesite para limitar las distracciones.

Paso tres: haga progreso continuo

Leer trinos, escanear el contenido de artículos en línea y navegar las redes sociales es una mala receta para leer un libro. Cuando hace esto, sin darse cuenta se está entrenando para tener muy poca concentración y para escanear el contenido mientras lee.

De nuevo, no se sorprenda si leer libros no se presenta como una experiencia gloriosa las primeras veces. Puede tomarle días, semanas o meses sentirse bien al leer libros en cualquier formato. Esto quizás no es lo que quiere escuchar, pero es lo que necesita escuchar. Verá, a medida que lee libros, su cerebro se va reformateando y acostumbrando de nuevo a leer de izquierda a derecha y línea por línea, lo cual tomará tiempo.

No se desanime. Lea. Frústrese. Esfuércese y lea de nuevo. Abúrrase. Agarre el libro de nuevo. Con el tiempo se sentirá mejor con respecto a la lectura.

No complique demasiado su experiencia lectora. Sepa que se enfrentará a distracciones, remueva las distracciones digitales y progrese un poco cada vez que lea.

Ahora es su turno

Hay una variedad de razones por las que puede que no lea hoy tanto como quisiera. No importa qué lo llevó a terminar allí. Lo que importa es que identifique la fuente de su falta de lectura y trabaje en una solución.

Lecturas adicionales

Sumérjase profundamente en este tema leyendo los siguientes libros:

- *Superficiales: ¿qué está haciendo internet con nuestras mentes?* de Nicholas Carr.

- *Minimalismo digital* de Cal Newport.

- *Divertirse hasta morir* de Neil Postman.

CAPÍTULO 4

LAS OCHO EXCUSAS MÁS FRECUENTES QUE LO ESTÁN ESTANCANDO Y LE IMPIDEN LEER

«No tienen que quemar libros para destruir una cultura. Sólo deben lograr que la gente deje de leerlos».

—Gandhi

¿Puede leer pero elige no hacerlo?

Si es así, únase al club. Hay una habitación enorme que está llena de no lectores. Pero ¿cuál es su excusa?

Crear excusas es una habilidad innata que todos poseemos. Desde evitar una conversación dura hasta escoger no leer, es tentador sacarnos cualquier cosa o razón de la manga como excusa. Encontramos algo "más importante" que debemos hacer o le echamos la culpa a algo o alguien más. De esa manera reducimos el golpe de la responsabilidad y nos engañamos para sentirnos mejor.

Es cierto, todos damos excusas de vez en cuando, pero incluso las excusas más pequeñas pueden llevarnos a desarrollar malos hábitos muy molestos. En cuanto a mí (Jesse), vivo en el sur y dar excusas puede usarse como una manera educada de evitar a alguien.

Fuera de bromas, las excusas son paralizantes. Son como un grillete con un peso invisible que lo encadenan a lo que sea que lo esté estancando. Sin importar si la raíz de sus excusas es el miedo, evitar el fracaso, quedarse en la zona de confort o una falta de claridad sobre qué hacer a continuación, sus excusas son como una fuerza paralizante que le impide moverse hacia adelante.

Las excusas:

- Le impedirán crecer personal y profesionalmente.

- Evitarán que cumpla sus metas.

- Le sabotearán sus sueños.

- No permitirán que alcance su máximo potencial.

Afortunadamente las excusas no son permanentes ni genéticas. No son más que una creencia paralizante o un mal hábito que puede superar.

Si quiere tener éxito en algo, tendrá que afinar su habilidad para identificar las excusas (creencias limitantes) en su vida, enfrentarse a ellas y dar un paso por fuera de su zona de confort. Permítanos decírselo sin rodeos: no es probable que experimente alguna clase de éxito si no está dispuesto a hacer esto. En pocas palabras, las personas exitosas no tienden a usar excusas y, en su lugar, hacen lo que sea necesario para atravesar o rodear cualquier obstáculo que se les interponga en el camino.

Hay algo gracioso acerca de salirse de su zona de confort: cuanto más a menudo lo haga, más fácil le resultará. Por ejemplo, yo (Jeff) solía tenerle mucho miedo a hablar en público. Es más, la primera vez que me entrevistaron en el pódcast de alguien más me dio un ataque de pánico: se me aceleró el corazón, era incapaz de hablar y no podía respirar, todo al tiempo. ¿Por qué alguien querría someterse a eso una segunda vez? Fácil. Sabía que compartir mi experticia en un pódcast o en un escenario era necesario para lograr mis objetivos. Así que tenía que tomar una decisión. Podía ser valiente y hacer lo que era difícil o podía decidir conformarme con no alcanzar mis metas.

Usted tiene la misma decisión enfrente cada día.

En palabras de John C. Maxwell, las personas «escogen el dolor de la autodisciplina, el cual viene del sacrificio y el crecimiento, o escogen el dolor del remordimiento, que viene de tomar el camino fácil y de dejar pasar las oportunidades»[1]. Para usted, su "dolor" quizás fue decidir leer hoy *versus* dejarlo para más tarde. Y así, cuando hace lo que es difícil *ahora* (sacrificio), no solo está evitando lo otro que es más difícil de después (arrepentimiento), sino que algo maravilloso sucede. Se hace más fácil. Y usted se vuelve gradualmente mejor haciendo aquello.

Tal como hablar en público, reconocí que leer regularmente era algo necesario que debía hacer como parte del trabajo de mi vida. Tuve que estar dispuesto a aprender, crecer y hacerme mejor con constancia. Leer era el camino más rápido y recto para hacer que esas cosas fueran realidad.

Al principio eso apestó. Lo odié. Me faltaba motivación. Pero hacerlo de forma regular, y con un plan en mente, no solo hizo que leer con constancia se volviera algo más fácil, sino que gradualmente se convirtió en algo que de verdad disfrutaba haciendo, incluso algo por lo que abogo por completo hoy.

El que esté leyendo hoy este libro es una prueba de eso.

En este capítulo le daremos las llaves para desbloquearse y dejar de lado las excusas para leer. A medida que lea la lista de más adelante, identifique qué es lo que lo está estancando, enfréntese a ello y cámbielo. Formatear su perspectiva sobre la lectura no consiste únicamente en leer más libros. Tiene más que ver con experimentar los efectos transformativos que tienen los libros y que le permiten convertirse en la persona que quiere ser y no quedarse con cómo es ahora.

Empecemos.

1. «No tengo tiempo para leer»

Este es, posiblemente, el mito más común que hace que las personas no lean más libros. En una encuesta informal a través de correos electrónicos que hicimos, les pedimos a quienes respondieron que describieran el momento más frustrante que experimentaron con relación a la lectura[2]. Algunas respuestas comunes que escuchamos fueron: «no tengo tiempo para leer», «usualmente no me queda demasiado tiempo en el día» y «batallo porque no tengo suficiente tiempo para leer». Pero aquí es donde encontramos algo gracioso sobre el tiempo: lo invertimos en nuestras prioridades.

Cuando pensamos o pronunciamos las palabras «no tengo tiempo» con respecto a cualquier cosa que nos gustaría hacer más, en realidad es que no hemos decidido que esa cosa sea lo suficientemente importante como para hacerla. Si lo fuera, encontraríamos el tiempo.

El problema con no tener suficiente tiempo para leer es sencillamente este: aún no ha decidido que leer es algo para lo que vale la pena encontrar el tiempo. Solo cuando haya tomado la decisión de programar tiempo para leer y esté dispuesto a proteger ese tiempo de otras interrupciones, entonces creará la oportunidad para que eso suceda de verdad.

Si quiere leer más libros, puede hacerlo.

No hay un secreto para leer más que verlo como una prioridad, escoger un libro, abrirlo y empezar a trabajar.

El reto más grande al que se enfrentará es a usted mismo. Si quiere leer más libros, entonces tiene que priorizar la lectura. No hay atajos para tomar esta decisión y usted es el único que puede tomarla. Afortunadamente, aunque *usted* sea el mayor obstáculo que enfrentará, usted mismo también es la respuesta al problema en esa situación.

Admitiremos que hay más cosas detrás de liberar algo de tiempo de lo que puede pensarse en un primer momento. Por eso hemos dedicado un capítulo entero a esa conversación. Si esta es su dificultad, entonces siéntase libre de ir hasta el capítulo seis para enfrentarse a ese dragón.

2. «No tengo dinero»

Yo (Jeff) seré el primero en admitir que una de las "quejas" más constantes que recibo de aquellos que escuchan mi pódcast es la cantidad de dinero que se gastan en libros. Estas quejas son en broma, por supuesto. Y ni uno de ellos ha expresado jamás ni una palabra de arrepentimiento por las compras que han hecho. Se dan cuenta, como yo, de que si al menos tienen una buena idea tras leer un libro, entonces esos fueron unos 20 dólares bien gastados.

Los libros son una inversión. Y, como con cualquier inversión, necesita gastar dinero. Pero los libros son como una inversión con la que no debe temer que la bolsa caiga; el dinero que haya gastado tendrá un retorno que nadie le podrá quitar.

Los libros pueden darle nuevas habilidades, presentarle perspectivas sobre cómo resolver un problema y cambiar por completo el curso de su vida y su carrera profesional. Ese fue el caso para mí (Jesse) y sé que mi experiencia no es la excepción. Para tener un ejemplo más brillante, hablemos de Warren Buffett, una de las personas más ricas del mundo en el momento en el que escribimos esto, quien le atribuye gran parte de su éxito a un libro. «No recuerdo cuánto pagué por la primera copia de *El inversor inteligente*», les escribió Warren a los accionistas de Berkshire Hathaway[3]. «Fuera cual fuera el costo, no se compararía con la verdad de los adagios de Ben: el precio es lo que se paga, el valor es lo que se obtiene. De todas las inversiones que he hecho jamás, comprar el libro de Ben fue la mejor».

Complázcanos por un momento: haga un inventario de todas las cosas en las que gasta su dinero libre, como cafés, videojuegos y películas. ¿Cuál ha sido el retorno de la inversión en esos objetos? Escuche, si parece que estamos siendo muy duros es porque lo estamos siendo. Encontrar el dinero para comprar libros (libros que puedan cambiar la trayectoria de su vida y su carrera) no es tan difícil.

Tal como al momento de encontrar el tiempo, puede que tenga que decidir renunciar a un puñado de cosas que "necesita", pero que realmente no pertenecen a la categoría de "necesidades".

De nuevo, no somos cascarrabias que creemos que no pueda disfrutar de la vida o de objetos no esenciales. Claro que puede. Sin embargo, quizás tenga que poner algunas cosas en segundo plano para poder abrir espacio en su presupuesto y comprar buenos libros. En las palabras de Erasmo, un erudito y filósofo del siglo quince: «cuando tengo poco dinero, compro libros, y si me queda algo, compro comida y ropa»[4].

Ahora, si no se encuentra en una posición que le permita comprar libros por el lugar en el que vive o por restricciones financieras, no permita que eso le impida leer. Desde pedir libros prestados en la biblioteca y descargar audiolibros gratis en aplicaciones como Libby hasta pedírselos prestados a su familia o amigos, existen muchas maneras creativas y gratuitas en la que puede leer o escuchar libros.

Comprar un libro quizás no lo convierta en un multimillonario como Warren Buffett, pero construirse una biblioteca propia es una de las pocas cosas que tiene el potencial para darle retornos significativos sobre las pequeñas inversiones que haga con ella.

3. «No me gusta leer libros enteros»

Si este es su caso, hay una gran probabilidad de que no esté leyendo los libros correctos para usted. Si siente que con frecuencia no disfruta leyendo un libro completo, quizás está escogiendo los títulos equivocados. Cómo seleccionar un libro relevante es algo que le ayudaremos a descifrar en el capítulo cinco.

Pero entendemos su disyuntiva.

Cuando compra un libro, lo compra completo… no por capítulos. En general, esto crea la sensación de que debe leer el libro entero. Pero ese no es el caso.

Cada libro que lea no tiene que ser leído palabra por palabra. En palabras de Sir Francis Bacon, habrá libros que saboree, otros que se trague y unos pocos que mastique y digiera[5]. En otras palabras, no se sienta obligado a leer un libro entero. Eso solo sería como forzarse a ver una película terrible que alquiló únicamente por terminarla.

Si cree que algo de lo que está leyendo es confuso, que no lo está disfrutando o que no es beneficioso, entonces tiene el permiso de abandonarlo con fervor. Eso es justo lo que alguien que respondió a nuestra encuesta estaba entendiendo. Ella dijo: «si un libro no me está hablando sobre la situación única que estoy viviendo, está bien darme permiso para no terminarlo».

Para la ficción, si no está disfrutando de la historia o no está interesado en ver qué les sucede a los personajes, dígale adiós a ese mundo ficticio. Mientras lee un libro de no ficción, si sus preguntas no están siendo respondidas o no se está beneficiando, entonces deje de leerlo, no sufra más y pase al siguiente. Hablando de libros de no ficción o empresariales, este es un maravilloso consejo para tenerlo en mente: no tiene que leerlos de principio a fin para descubrir las lecciones esenciales que contienen. Muchos de esos libros están escritos de tal manera que cada capítulo no depende de los demás. Básicamente no va a perderse de un punto crítico de la trama si se salta o solo lee rápido un capítulo.

El que no haya leído un libro de principio a fin no necesariamente significa que no pueda contarlo como un libro leído. Un libro está leído (o lo ha terminado) cuando acaba con él. Por eso pensamos que es clave que los lectores nuevos decidan primero qué es lo que quieren obtener de un libro (el objetivo) y luego determinen qué cantidad de lectura del libro necesitarán para llegar a ese objetivo.

Como principio general, existe una guía implícita en algún lugar que recomienda leer al menos las primeras cincuenta páginas de un libro antes de abandonarlo. Este es un buen consejo para la mayoría de los libros. Como lo compartiremos en el capítulo diez, cuando se trata de leer no ficción, puede obtener casi todo lo que necesita de un libro al usar unos pocos tips y trucos de lectura.

4. «No sé qué debería leer»

Para ser honestos, nosotros tampoco sabemos lo que usted debería leer. Sin conocerlo (qué le gusta, qué no le gusta y qué querría aprender) sería casi imposible sugerirle el libro correcto.

Entonces, ¿qué libros debería leer? James Clear, el autor del enormemente popular libro *Hábitos atómicos*, dijo una vez: «lea libros que sean relevantes para lo que quiere alcanzar y así la lectura nunca le parecerá aburrida»[6]. Para muchos, parte del problema de comprometerse con la lectura es el aburrimiento. Si ese es generalmente el caso para usted, está escogiendo los libros equivocados. Como James lo sugirió, pregúntese qué es lo que quiere lograr. ¿Sobre qué desea aprender más? ¿Hay alguna habilidad que haya estado queriendo adquirir?

En varios momentos de mi vida, yo (Jeff) he estado en situaciones en las que he querido o necesitado aprender más acerca de cosas como el *marketing* de las redes sociales, hablar en público, el *marketing* en internet y más. Cada vez he encontrado el proceso de leer como algo divertido porque determiné qué era lo que quería lograr antes incluso de comprar un libro particular.

Desde investigar sobre libros de un tema particular y escoger cuáles comprar hasta recibir libros por correo y empezar a leerlos, me he dado cuenta de que ser más intencional con lo que escoge leer hace toda la diferencia del mundo.

Cuando compro libros lo hago con propósito e intención. Eso significa que, cuando llega el momento de empezar a leer, tengo toda la motivación para hacerlo.

¿Aún no sabe qué debería leer? No se preocupe. Llegaremos a eso en el capítulo cinco.

5. «No leo lo suficientemente rápido»

¿Quién lo dice? ¿Comparado con quién? ¡Qué importa!

Esa preocupación fue una que alguna vez tuve (Jesse), pero eso se acabó. Al final debí admitir que eso realmente no importaba. En ninguna parte está escrito que deba leer a cierto ritmo. No es una competencia.

Personalmente, mis hábitos lectores involucran una gran cantidad de pausas para tomar notas. A menudo me paso el tiempo pensando, reflexionando sobre un pasaje en particular o imaginándome cómo aplicaría, de alguna manera, los principios de los que leo en la vida real. Por ejemplo, hace poco me pasé casi cuatro horas con un libro que "supuestamente" debía tomarme solo dos horas acabar.

La lectura no radica en cuán rápido puede leer o en terminar un libro, y ciertamente no se trata de terminar en el tiempo promedio en el que un libro particular *debería* terminarse. Leer libros es más acerca de convertirse en un mejor ser humano; esa es la belleza de los libros.

En este libro le mostraremos cómo medir su velocidad de lectura y compartiremos con usted métodos para incrementarla. Pero eso es para ayudarlo a mejorar su habilidad para leer, no para que pueda compararse con alguna clase de estándar universal de velocidad de lectura.

Dese permiso para comparar su velocidad de lectura y su habilidad solo con usted mismo. Claro, hay promedios de velocidad de lectura, tal como lo han comprobado ciertos estudios. Pero, como cualquier promedio, eso solo significa que algunas personas leen más lento que el promedio y que otras leen más rápido.

Si no quiere devorarse en horas un libro, genial. Tómese todo el tiempo que necesite para leer, reflexionar y actuar sobre lo que sea que leyó (o escuchó).

Como lo mencioné, yo prefiero hacer pausas y reflexionar mientras estoy leyendo. Darme permiso de detenerme y seguir de esta manera me ha permitido disfrutar de la lectura mucho más. En cuanto a Jesse, él tiene la práctica de leer un libro completo, dejando marcas por el camino, y luego revisarlo de nuevo para crear notas más específicas.

Cuando se trata de leer libros, entienda en dónde se encuentra e intente superarse en comparación con su yo del día anterior, pero no se compare con nadie más. Tiene permiso para leer y reflexionar de la forma que mejor le funcione a usted.

6. «Sólo me gusta escuchar audiolibros»

Amamos los audiolibros y escucharlos ha sido una parte de nuestra dieta lectora, en diferentes grados, a lo largo de los años. En cuanto a mí (Jeff), cuando estaba empezando en el camino lector, los audiolibros fueron mis salvavidas. Eran la única manera en la que podía enfrentarme a algo que temía (mi camino en el transporte público hasta el trabajo) y convertirlo en algo que esperaba todos los días. Inspirándome en Zig Ziglar, convertí mi trayecto al trabajo en "la universidad sobre ruedas"[7].

Entonces, ¿debería leer libros físicos o escuchar audiolibros? Bueno, eso depende.

Para empezar, los libros y los audiolibros son diferentes. No estamos diciendo que uno sea superior al otro o que deba escoger uno por encima del otro. Escoger entre un libro físico y un audiolibro es similar a escoger entre ver una película basada en un libro o leer el libro mismo. Todo depende de qué quiera experimentar y lograr con ello. Tiene que conocer las diferencias entre los dos y entender qué opción se ajusta mejor a sus necesidades.

En primer lugar, los libros físicos se prestan para tener una mejor comprensión lectora y para retener mejor textos difíciles (la palabra clave aquí es *difíciles*). De acuerdo con un estudio, los estudiantes que escucharon una lección vía pódcast tuvieron peores resultados en un examen cuando se los comparó con los estudiantes que leyeron la misma lección en papel[8]. Pero cuando se trata de comprensión lectora general (por ejemplo, un libro que está leyendo por placer o por conocer otra perspectiva), un estudio descubrió que los participantes que escucharon el texto obtuvieron calificaciones similares de comprensión lectora cuando se los comparó con aquellos que leyeron el texto[9]. ¿Interesado en el entretenimiento? Lea o escuche un libro. ¿Está en un club de lectura? Las dos opciones funcionan. ¿Está haciendo varias cosas al tiempo o de camino al trabajo? Los audiolibros son el claro ganador aquí. ¿Necesita estudiar algo? Le sugerimos que escoja la copia física del libro y que posiblemente complemente su lectura con el audiolibro.

Si escuchar audiolibros suple sus necesidades y es la única manera en la que puede consumir libros justo ahora, adelante. No deje que nadie le diga que eso no vale. Si lo hacen, son personas pretenciosas.

7. «Se me dificulta leer por más de cinco minutos»

¡Mire! ¡Una ardilla!

Lo entendemos, mantenerse concentrado no es fácil. Desde la tentación de revisar nuestros teléfonos inteligentes más de una docena de veces por hora hasta el trabajo, las redes sociales, la familia, los amigos y todo lo demás, es una tarea titánica el mantenerse concentrado en algo. De hecho, un estudio llevado a cabo por Microsoft en el 2015 descubrió que el intervalo de atención de los humanos en el 2013 era de unos miserables ocho segundos. Para poner esto en perspectiva, los peces de colores tienen un promedio de intervalo de atención de nueve segundos[10].

Entonces, sí… si no se considera un lector hoy en día, será difícil que se esfuerce por pasar de las páginas iniciales y esta es la razón: leer es algo que hace. Por supuesto, estamos señalando lo obvio. Pero queremos enfatizar este punto porque leer es un proceso activo y, como lo compartiremos en el capítulo nueve, que habla de los buenos hábitos lectores, limitar sus distracciones es un gran paso que puede dar para concentrarse en lo que lee. Al principio no se sorprenda cuando no sienta ganas de leer, se distraiga fácilmente o se le haga difícil leer por períodos largos de tiempo. Cree una buena atmósfera para leer y prepárese para sobreponerse a esas batallas internas. Nos lo puede agradecer después.

8. «No puedo aprender de los libros»

Este es un tema peliagudo y hay tres maneras potenciales de sobreponerse a esta excusa.

Primero, puede que este sea, técnicamente, el caso para usted. Si posee una discapacidad lectora (como la dislexia) o se le dificulta el lenguaje escrito (por ejemplo, la gramática), entonces sí será difícil para usted el aprender de los libros. Esto no significa que carezca de inteligencia, nada más lejos de la verdad. Todo lo que esto significa es que tiene un problema que puede mejorarse en muchos casos gracias a diferentes entrenamientos o ayuda profesional.

Yo (Jesse) tengo dos hijos con dislexia. Ambos han participado en tutorías especializadas para leer y los dos han dado pasos enormes para mejorar su habilidad para leer. Esto no significa que su condición haya desaparecido. Lo que sucedió a medida que pasaba el tiempo y entrenaban es que aprendieron nuevas maneras de leer y de comprender teniendo en cuenta su condición.

Segundo, leer es una ciencia y es algo que debe aprender. Por ejemplo, si se saltó o le fue mal en las clases de Lenguaje del colegio (como yo), entonces aprender gracias a los libros le parecerá difícil al principio porque carece de las herramientas que necesita para comprender y retener lo que está leyendo. Afortunadamente este es un vacío de conocimiento que puede llenar. Y tras un tiempo, con práctica o quizás con ayuda profesional si la necesita, será capaz de mejorar su habilidad para aprender de los libros.

> **LIZ WISEMAN, autora de varios libros, incluyendo *Multiplicadores* y *The MVP Mindset*, sobre la vida lectora.**
>
> Para mí, el valor de leer viene menos de lo que nos impulsa a hacer y mucho más de cómo un libro puede cambiar la manera en la que pensamos. Leer libros nos permite ver el mundo a través de la mente de otra persona. Como si fuera un gran mentor, podemos pedir prestado el cerebro de alguien más y ver el mundo a través de ese lente. Cuando leemos libros escritos por grandes pensadores podemos alcanzar metas más altas. Lo veo un poco como *Rent the Runway* para su mente, trabajando de la manera en la que *Rent the Runway* le permite a alguien rentar un vestido caro de diseñador y usar algo más caro de lo que podrían permitirse de otra manera. Leer libros nos permite pensar más allá de nuestro conocimiento actual y probar diferentes maneras de pensar que quizás están más evolucionadas o se han desarrollado intencionalmente más que las nuestras. Leer es la manera en la que retamos nuestra forma de pensar actual y en la que vemos más allá de nuestra perspectiva. Creo que nos ayuda a expandir la mente y a cuestionarnos a nosotros mismos.

Finalmente, hay quienes no poseen ninguna clase de limitaciones o falta de conocimiento, pero dicen «no aprendo de los libros» como una excusa para no leer. Si usted está leyendo este libro, ese probablemente no es su caso. Pero tenga todo lo que le dijimos en mente cuando hable o intente animar a quienes no son lectores a que lean.

Ahora es su turno

¿Encontró la excusa que lo está estancando?

Genial, ahora es momento de que la enfrente y siga adelante.

Sea paciente mientras se enfrenta a cualquiera que fuera. Puede tomarle más tiempo del que cree el resolver aquello por lo que esté pasando. Así que enfréntese a su excusa, responsabilícese y así estará de camino a convertirse, antes de lo que cree, en un lector para toda la vida.

Lecturas adicionales

Inspírese para superar los retos y las excusas con estos libros:

- *El obstáculo es el camino: el arte inmemorial de convertir las pruebas en triunfo* de Ryan Holiday.
- *Autobiografía de un hombre feliz* de Benjamin Franklin.
- *Walt Disney: An American Original* de Bob Thomas.

PARTE 2

LOS LIBROS QUE NECESITA LEER

CAPÍTULO 5

SEIS MANERAS PARA SABER LO QUE DEBERÍA (Y NO DEBERÍA) LEER

«Si nos encontramos con un hombre de intelecto excepcional,
deberíamos preguntarle qué libros lee».

—Ralph Waldo Emerson

Phil Knight, el cofundador de Nike, mantiene su biblioteca personal tras puertas cerradas. Hoy en día aquello se ha convertido en una leyenda. Está ubicada en una habitación detrás de su oficina formal en la sede principal de Nike. No muchos han entrado a esa habitación sagrada. Si usted tuviera permiso para entrar, tendría que quitarse los zapatos y honrar su colección de libros inclinándose ante ellos. Cuando le preguntaron si esa biblioteca aún existe, Phil respondió: «por supuesto que la biblioteca aún existe. Siempre estoy aprendiendo»[1].

Todas las medidas que ha tomado Phil para proteger su biblioteca pueden sonar un poco excéntricas.

Pero ¿en realidad lo son?

Los libros que lea se volverán parte de su vida. Le informarán al mundo quién es usted: su fe, su conocimiento, sus valores. Quizás eso era lo que Ralph Waldo Emerson tenía en mente cuando dijo: «no puedo recordar los libros más que los platos que he comido; aun así, ellos me han formado»[2].

La mayoría de nosotros, incluyéndonos, no tenemos los recursos para construir una biblioteca multimillonaria. Pero podemos coleccionar todos los libros para leer hoy, mañana o nunca. Libros que nos ayudarán a convertirnos en mejores hombres o mujeres, hijos o hijas, madres o padres, amigos, empleados o emprendedores. Libros que nos inspirarán a llegar más alto. Libros que nos ayudarán a superar cualquier reto al que nos estemos enfrentando. Y libros que nos ayudarán a cumplir nuestras metas.

Lo que estamos diciendo es mucho más que una cantidad de palabras vacías. Un estudio descubrió que los niños en hogares de familias con una biblioteca personal leían mejor que sus pares y tenían más posibilidades de terminar la universidad[3]. Este estudio no se centró solo en familias tremendamente ricas. Estamos hablando de familias con unos cien libros en sus casas. ¿Por qué es este el caso? Bien, resulta que si usted está dedicado a educarse a sí mismo, influenciará a sus hijos a hacer lo mismo.

Esto no debería sorprenderlo después de leer el capítulo dos. Los beneficios de leer y de rodearse de libros serán un impulso significativo para su desarrollo personal, su influencia y su carrera. Los libros en su colección serán (y deberían ser) diferentes que los que se encuentran en la biblioteca de alguien más. Serán un reflejo de quién es usted y un mapa que lo guiará hacia donde vaya.

En este capítulo vamos a ayudarlo a construir su biblioteca personal. No vamos a hablar acerca de qué tipo de estanterías debería comprar o cómo debería organizar sus libros. Vamos a hablarle sobre los libros que debería leer… y los libros que no debería leer.

1. Lea para generar un cambio personal

Antes de que pueda liderar de una manera efectiva, antes de que pueda crear cambios y antes de que pueda aspirar a dejar una huella en su comunidad, su compañía y el mundo, debe liderarse primero a sí mismo. ¿No sería genial si tuviera un manual de instrucciones que le dijera cómo hacerlo? Bien, pues afortunadamente lo tiene. Pero no es solo un manual, sino que son un montón de manuales con forma de libros.

Como lo hemos señalado, los libros son poderosos. Sus páginas poseen la habilidad de hacerlo más inteligente, más creativo y de ayudarlo a convertirse en un mejor líder y persona. En una entrevista con el *New York Times*, el presidente Obama compartió cómo redescubrir la lectura durante la universidad lo llevó a reconstruirse a sí mismo. Dijo que leer «lo introdujo a lo poderosas que eran las palabras como una forma de descubrir quién era y qué pensaba, así como las cosas en las que creía y qué era lo importante»[4]. Sin importar en qué punto de la vida se encuentra, qué obstáculos quiera superar o qué fortalezas quiera desarrollar, los libros lo ayudarán a llegar a donde quiera.

«Consciencia de sí mismo por 200 dólares, Álex».

Si yo (Jeff) tuviera una moneda de cinco centavos por cada vez que estuve sumergido en un libro sobre desarrollo personal y profesional y reconocí un área de mi vida en la que necesitaba trabajar… bueno, tendría un montón de monedas de cinco centavos.

Al leer para crear cambios personales se está embarcando en un viaje lector con el propósito expreso de descubrir más acerca de usted mismo y de lo que necesita. Al principio, lea libros que se traten de tipos de personalidades, maneras de pensar y estilos de liderazgo. Antes de construir su vida, habrá momentos en los que tendrá que cavar para poner los cimientos. Así que tómese el tiempo de examinarse a sí mismo para entender mejor quién es, tanto lo bueno como lo malo.

Leer libros para crear un cambio personal no se limita sólo al pasillo de la autoayuda. Su vida puede verse influenciada para mejorar por cualquier tipo de libro. Puede ser una frase poderosa que leyó. Una historia de ficción que le aclaró algo por lo que estaba pasando. Una persona del pasado con la que se conectó gracias a leer su biografía. No se limite a los libros de autoayuda. Esté abierto a experimentar una nueva perspectiva gracias a cualquier cosa que lea.

Para descubrir libros que lo ayuden a cambiar personalmente, pregúntese:

1. *¿Soy consciente de mis fortalezas, debilidades, talentos o estilo de liderazgo?* Evalúese a sí mismo encontrando libros que lo guiarán en el proceso de examinar sus cualidades.

2. *¿Qué cualidad o virtud quiero desarrollar?* Encuentre un libro acerca de alguien que ejemplifique esa característica o sobre cómo desarrollar las virtudes que aspira poseer.

3. *¿Quién me inspira?* Vea si esa persona ha escrito un libro o lea un libro acerca de esa persona.

4. *¿Qué tipo de trabajo quiero hacer?* Lea libros sobre el tipo de trabajo en el que está interesado para entender mejor qué es lo que lo atrae de esa línea laboral.

2. Lea para alcanzar el enriquecimiento personal

Leer no siempre tiene que ser una tarea que complete. Y tampoco tiene que estar directamente relacionado con una meta que quiera alcanzar o con una habilidad que quiera aprender. Leer puede ser algo que haga por el placer mismo de la lectura.

¿Le gusta la ficción distópica? Explore un mundo oprimido por un estado político o invadido de zombis para experimentar una perspectiva diferente de los problemas contemporáneos. ¿Ama un género musical en particular? Déjese llevar por autores que exploren la historia y la formación de su música favorita o que cuenten las leyendas acerca de los músicos más famosos. ¿Tiene un pasatiempo favorito? Escoja libros que lo ayudarán a entender mejor qué le gusta y busque historias que incluyan personajes que disfruten de ese pasatiempo. ¿Está interesado en una era particular de la historia, en una noticia de los medios o un evento mundial? ¿O quiere leer un libro solo porque le gusta? ¡Anímese!

Los beneficios que podrá experimentar cuando esté leyendo un libro no dependen directamente de si es un libro de no ficción o uno instructivo. Como regla general, leer libros enriquecerá su vida de muchas maneras, así que disfrute de los libros que le gustan por el placer de los libros en sí mismos.

Para encontrar libros que amará, pregúntese lo siguiente:

1. *¿Qué tipo de historias amo?* Descubra nuevos autores y títulos al explorar libros similares a los que ha leído antes.

2. *¿Me gusta mucho un género particular de música, un artista o una banda?* Consiga biografías o libros acerca de la historia de la música que le gusta.

3. *¿Tengo uno o más pasatiempos?* Compre libros sobre los pasatiempos que tenga o sobre los que quiera aprender[5].

4. *¿Qué suceso histórico o persona me interesa más?* Compre uno o más libros acerca de ese período de tiempo y al menos una biografía sobre la persona de la que le gustaría saber más.

3. Lea para obtener iluminación espiritual

«¿Por qué estoy aquí?».

Esa es una pregunta común que seguramente se ha hecho cada hombre, mujer y niño desde el inicio de los tiempos. Cuando se busca la respuesta a esta pregunta, la mayoría de las personas la quieren obtener a través de maneras religiosas, sobrenaturales o espirituales. Sin importar si está buscando la respuesta a esta pregunta o reavivando aquello en lo que cree, hay varios géneros de escritura que puede explorar.

Para empezar, la mayoría de las religiones tienen uno o varios textos sagrados, los cuales son una referencia de primera mano que usan como estándar para guiar sus creencias y prácticas. Los ejemplos incluyen la Biblia para los cristianos, el Corán para los musulmanes y el Tripitaka para los budistas. Si quiere saber en qué cree una religión, lo mejor es consultar sus fuentes principales.

En cuanto a mí (Jesse), una de mis prácticas es leer con regularidad la Biblia, así como también leerla con mi familia. No hago esto a diario ni de lejos, pero lo intento. Leer la Biblia tiene una manera de reconectarme con mi fe y con aquello en lo que creo, así como de guiarme en la vida y ayudarme con las decisiones que tomo.

Un género común que usan muchos autores para compartir sus creencias es la no ficción. En particular, libros instructivos, de autoayuda o biografías. Con los libros de autoayuda, los autores convierten las lecciones prácticas de los textos religiosos o filosóficos en pequeños conceptos de sabiduría literaria. De esta manera, se enfocan en instruir o ejemplificar "cómo vivir" de acuerdo con una creencia en particular. Piense en *El obstáculo es el camino* de Ryan Holiday, sobre el estoicismo, o en *El conocimiento del Dios santo* de J. I. Parker, sobre el cristianismo.

Las biografías le permiten echarle un vistazo a la vida de alguien que ha vivido de acuerdo con su religión. Estos momentos crean una imagen para que usted sepa cómo vivir de acuerdo con sus creencias religiosas. De alguna manera lo ayudan a ver, a través de ejemplos, cómo alguien más vivió su vida, lo cual puede ser una gran fuente de inspiración. Los libros religiosos de no ficción son útiles cuando se trata de "cómo" vivir su vida basándose en esas creencias. Pero existe una debilidad que estos libros tienden a tener, la cual nos lleva al siguiente género.

La ficción basada en textos religiosos es otra manera poderosa en la que los autores pueden compartir sus creencias religiosas. A través de sus obras, usted puede explorar temas comunes de la religión. Dos escritores populares de ficción que se nos ocurren son C. S. Lewis y J. R. R. Tolkien. Lewis incorporó muchos temas cristianos a lo largo de su serie de fantasía para niños, *Las crónicas de Narnia*. En cuanto a Tolkien, él exploró temas cristianos desde una perspectiva católica en los tres volúmenes de *El señor de los anillos* sin dar muchas referencias directas. Sin tomar la ficción religiosa como un evangelio, puede experimentar cómo estos autores expresan su fe a través de su escritura, la cual es una forma en la que puede reavivar sus afectos, sus valores y sus creencias.

Mientras piensa en la respuesta a esta pregunta, asegúrese de leer libros sobre este tema. En cuanto a mí (Jesse), yo disfruto leer con asiduidad la Biblia y libros de no ficción cristianos. E incluso me gradué de un seminario cristiano, el cual me confirió un posgrado teológico. Obtener posgrados no es para todo el mundo y tampoco es un requerimiento. Pero sí lo animamos a que incluya libros religiosos en su búsqueda para ayudarlo a descubrir por qué está aquí.

Para encontrar libros de enriquecimiento espiritual, pregúntese:

1. *¿Me interesa una religión específica?* Compre el libro sagrado de esa religión o un libro acerca de la religión misma.

2. *¿Cuáles son los dos o tres pastores, teólogos o filósofos con los que estoy más familiarizado?* Consiga un libro que ellos hayan escrito, uno que explique su trabajo o una obra biográfica sobre ellos.

3. *¿Tengo preguntas sobre la vida, la fe u otro tema relacionado con mi espiritualidad?* Compre dos o más libros sobre ese tema, pero desde diferentes perspectivas, para considerar las respuestas a sus preguntas desde distintos puntos de vista.

4. Lea para desarrollarse profesionalmente

En general, leer lo ayudará a desarrollarse personal y profesionalmente. Pero leer libros relevantes para su línea de trabajo o direcciones en las que quiera crecer puede ayudarlo a afinarse a sí mismo y a mantenerse competitivo en el mercado.

¿Está interesado en aprender una nueva habilidad? Compre un libro instructivo o lea una biografía de alguien que se considere un experto en ese campo. ¿Tiene un deseo incontenible de compartir un mensaje? Consiga un libro sobre hablar en público o estudie a alguien conocido por sus habilidades de oratoria. ¿Se está preparando para una certificación? Vea si hay un libro que pueda leer sobre ese tema.

Cuando se trata de escoger libros para el desarrollo profesional, tómese tiempo para reflexionar sobre su trabajo, sus próximos pasos y sobre qué necesita saber o experimentar para llegar allí.

Este es el proceso de dos pasos que le recomendamos: primero, desglose su campo en los segmentos más pequeños que pueda. Por ejemplo, si quiere embarcarse en una carrera de *marketing*, lo primero que querrá hacer es dividir el *marketing* en categorías más pequeñas (por ejemplo, *marketing* de redes sociales, creación de marca, redacción). Si necesita ayuda, pídasela a sus amigos, a su jefe, a un mentor o sencillamente búsquela en línea. Dar este paso lo ayudará a concentrarse mejor en la lectura.

Segundo, identifique qué habilidades necesita dominar y qué información relacionada con ello necesita saber. Hablando en general, muchos campos tienen disciplinas múltiples que puede dominar dentro de cada una. Desde especializarse en un campo puntual de la medicina hasta dominar un lenguaje particular de programación, existen muchísimos caminos potenciales que puede escoger. A menos que sea un erudito con la capacidad de dominar muchos campos diferentes, es mejor centrarse en aprender unas pocas cosas mientras adquiere conocimiento general de otros ámbitos que puede necesitar.

Volviendo al ejemplo del *marketing*, digamos que quiere dominar el *marketing* de contenidos y SEO. En ese caso, debería pasar la mayor parte de su tiempo disponible (el 80%) estudiando y experimentando estos dos campos. En el tiempo restante concéntrese en desarrollar los conocimientos relevantes y en estudiar los puntos clave, como los datos y el análisis de los mismos, la psicología del comportamiento y la redacción publicitaria para que logre entender por completo ese campo.

Dar estos dos pasos hará que se concentre con más facilidad en aquello que lea para desarrollarse profesionalmente.

> **DAN MILLER, autor superventas del *New York Times*, sobre la vida lectora.**
>
> Tengo libros como *Piense y hágase rico* que me costaron originalmente como 4 dólares, pero es imposible cuantificar el impacto que han tenido en mi vida. Así que realmente no puedo conectar esos puntos porque hay demasiadas cosas que se sobreponen unas a otras. La cantidad de libros que leo y que he leído, así como lo que cada uno de ellos contiene, son los que me han dado las oportunidades que experimento hoy en día.

No son cosas que podamos cuantificar matemáticamente. La experiencia de vida que tengo, la satisfacción vital que siento y las buenas relaciones que sostengo también son el resultado de leer. Y esas cosas no las podemos cuantificar tangible o financieramente, pero son el retorno de la inversión por leer.

Para encontrar libros para desarrollarse profesionalmente, pregúntese:

1. *¿Qué habilidad quiero desarrollar?* Busque libros instructivos sobre esta habilidad o encuentre un libro sobre alguien que posea esa habilidad.

2. *¿A quién admiro que esté en mi línea de trabajo?* Consiga un libro escrito por esa persona o un libro acerca de ella.

3. *¿Necesito desarrollarme como líder?* Compre libros sobre liderazgo o libros acerca de líderes que respete.

5. Leer para adquirir sabiduría

Adquirir sabiduría es un reto que dura toda la vida. Odiamos decírselo, pero nunca logrará obtenerla toda estando de este lado de la tumba. Es imposible saberlo todo y nunca habrá un momento en la vida en el que no necesite la perspectiva de alguien más sobre algo por lo que esté pasando… y esa perspectiva puede encontrarla incluso en un libro.

Leer libros sobre eventos históricos (locales, regionales, nacionales y mundiales), personas y movimientos es esencial para entender la vida y los hechos que lo están formando hoy en día. Usted nació en un momento de la historia que fue moldeado por todo lo que ocurrió antes de que llegara. Y aunque todo lo que sucedió antes de que naciera estuvo fuera de su control, aquello influencia quién es usted, así como todo lo que acontece a su alrededor en la actualidad.

Cuando explora el pasado a través de los libros y conoce sobre las personas y los hechos que moldearon en dónde vive, su trabajo y los sistemas que lo influencian, como la economía y el Gobierno, tiene una mejor habilidad para recorrer el camino que la vida extiende ante usted.

Para encontrar libros que lo ayuden a adquirir sabiduría, pregúntese lo siguiente:

1. *¿En dónde crecí?* Encuentre libros acerca del pueblo o área de la que es originario para entender mejor cómo estas comunidades pueden haberlo influenciado a usted o su familia.

2. *¿Qué eventos nos han influenciado más a mí familia y a mí?* Consiga libros sobre estos hechos, pero que estén narrados desde diferentes perspectivas. De esa manera desarrollará un entendimiento global de la situación.

3. *¿En qué problema actual estoy interesado o qué conflicto me interesa en este momento?* Busque libros acerca de ese problema para explorarlo desde una perspectiva con la que esté de acuerdo y desde una con la que no esté de acuerdo para formarse un punto de vista general al respecto.

4. *¿En qué político famoso, empresario, autor, músico, pastor, filósofo o figura militar estoy interesado?* Compre un libro sobre alguien que admire para ver qué puede aprender de su vida y sus experiencias.

6. Leer libros recomendados

Leer un libro que alguien que usted conoce o respeta a la distancia le ha recomendado puede cambiarle la vida. Como lo hemos dicho una y otra vez, los libros reflejan quiénes somos como personas.

Si un libro le cambió la vida a alguien más y esa persona se lo recomienda, consígalo. Cada uno de nosotros, incluyéndolo a usted, ha sido o será influenciado por un libro. Puede que no experimente el mismo nivel de transformación que esa persona proclama, pero hay una buena probabilidad de que al menos se beneficie de alguna manera por leerlo.

Para encontrar las mejores recomendaciones de libros, explore las lecturas que han recomendado las personas a las que admira. Si las conoce personalmente, genial. Ese paso es sencillo. Solo pregúnteles qué libros les han cambiado la vida, cuáles han creado una diferencia significativa en ellos o cuáles los han ayudado con algo que usted está interesado en conocer. Para encontrar recomendaciones de personas que admira a la distancia, fíjese en si han compartido algunas de ellas en línea. Si eso no funciona, entonces no tema hablarles por redes sociales, enviarles un correo o abordarlos en algún evento. Puede que no le respondan, pero no deje que eso lo disuada de al menos intentarlo.

Si su búsqueda de recomendaciones de libros termina con usted con las manos vacías, siempre puede buscar en línea cuáles son los "mejores" libros sobre cualquier tema que esté interesado en explorar. Lea algunas de esas listas. Vea qué libros aparecen en las mismas listas pero en publicaciones diferentes. Luego escoja el que le suene más interesante.

Una cantidad incontable de libros han creado cambios incalculables en las vidas de las personas. Y eso puede aplicar para usted también. Así que haga una lista de personas a las que le gustaría preguntarles qué libros han leído. Encuéntrelos. Cómprelos. Devóreselos. Y disfrute de lo que tienen por ofrecerle.

Para encontrar libros recomendados, pregúntese:

1. *¿Alguien a quien admiro de cerca o a la distancia me ha recomendado libros para leer?* Si no es así, considere contactar a esa persona y pedirle recomendaciones de libros… incluso si piensa que no van a responderle.

2. *¿Alguna empresa de comunicaciones que sigo, como CNN, Fox News o Forbes, ha publicado una lista de libros que deben leerse?* Vea qué libros le sugieren que lea.

3. *¿Y qué hay de alguna empresa de comunicaciones con la que no esté de acuerdo?* Expanda sus horizontes al leer un libro recomendado de una de sus listas.

4. *¿Cuáles son mis libros favoritos?* Encuentre dos o cuatro títulos similares a sus libros favoritos usando las opciones de búsqueda de una librería en línea o pídale ayuda a un buen empleado de una librería o a un bibliotecario.

5. *¿He leído algunos libros sobre mi profesión?* Busque listas de los "mejores" libros acerca de su profesión o su negocio en alguna fuente confiable.

6. *¿Qué libros se han ganado premios o han sido bestsellers dentro del área que deseo estudiar?* Lea las listas de los ganadores de los Premios Pulitzer, el Premio Nobel o el Premio Nacional del Libro, así como las listas de los superventas publicadas por el *New York Times* y el *Wall Street Journal.*

Ahora es su turno

No se sienta sobrecogido por la cantidad de libros que están disponibles.

Tómese el tiempo que necesite para pensar acerca de aquello que debería leer. Asumiendo que está dando un paso para leer más, deténgase en este capítulo por un momento. Identifique cuáles libros lo beneficiarán más y los libros que disfrutará leer por el placer de la lectura. Pasar un poco de tiempo aquí le ahorrará tiempo perdido en el futuro y lo guiará hacia el camino de vivir una vida lectora. Y además le dará la capacidad de decirles que «no», con confianza, a decenas de millones de libros.

Lecturas adicionales

A medida que construye su biblioteca, asegúrese de revisar *El cisne negro* de Nassim Nicholas Taeb para una tener una guía de cómo construir una antibiblioteca, la cual es una biblioteca llena de libros que no ha leído y puede que nunca lea.

CAPÍTULO 6

DEMASIADO OCUPADO COMO PARA NO LEER

DOCE MANERAS PARA LIBERAR TIEMPO Y PODER LEER

«Emplee su tiempo creciendo como persona gracias a los textos de otros, de manera que consiga fácilmente aquello que los demás trabajaron tan duro por obtener».

—Sócrates

Estar ocupado no necesariamente amerita tener una medalla de honor.

Estar ocupado puede conferirle una sensación de importancia, pero bien puede estar ocupado haciendo las cosas equivocadas, demasiadas cosas o porque está manejando mal su cronograma.

Estar ocupado también puede ser una etapa de su vida. Para mí (Jesse), balancear las responsabilidades del trabajo, la familia, los voluntariados, las actividades de la iglesia local, leer y escribir es duro. Para ser honesto, muchas veces tengo que ordenar mis prioridades como mejor pueda y esforzarme hasta el final del día.

Sin importar cuáles son sus razones para estar ocupado, no permita que su cronograma dicte sus prioridades o evite que lea. Solo los beneficios científicos valen el esfuerzo que implica hacer de la lectura una prioridad.

Afortunadamente eso no será tan difícil como lo piensa. Hay varias maneras muy fáciles en las que puede liberar tiempo en su cronograma para priorizar la lectura.

1. Leer no toma tanto tiempo como cree

Los libros físicos pueden ser intimidantes. Muchos libros pasan de los cientos o miles de páginas y pueden pesar casi un kilo, así que verlos quizás lo haga pensar que leer no es fácil, sino que es todo un trabajo. Aunque los libros puedan parecer intimidantes, no toma tanto tiempo leerlos como puede imaginárselo.

En el capítulo nueve le compartiremos cómo puede medir y mejorar su velocidad de lectura según cuántas palabras por minuto (ppm) puede leer. Para probar nuestro punto acerca de cuánto tiempo toma leer un libro, asumamos que su velocidad de lectura es similar a la velocidad promedio para los adultos que leen en inglés, la cual es de 238 ppm para libros de no ficción y de 260 ppm para libros de ficción[1]. Ahora, muchos libros de no ficción tienen alrededor de 50.000 palabras, incluyendo este libro. Así que si divide 50.000 entre 238, podrá ver que le tomará 210 minutos (o 3,5 horas) leer un libro promedio de no ficción, lo cual no está nada mal.

Entendemos que estos números pueden no ser muy claros para usted, así que veamos el tiempo promedio de lectura de algunos libros y series para que pueda entender el panorama:

- *Harry Potter*, toda la saga, 4.555 minutos.
- *La Biblia*, 3.312 minutos.
- *El señor de los anillos*, toda la trilogía, 1.987 minutos.
- *Orgullo y prejuicio*, 509 minutos.
- *El hábito de los líderes*, 220 minutos.
- *El dador de recuerdos*, 183 minutos.
- *El alquimista*, 164 minutos.

Queremos asegurarnos de que reflexione sobre esto por un momento. Asumiendo que su velocidad de lectura es promedio, le tomará menos de cuatro horas leer un libro normal de no ficción. Para ir un poco más allá, digamos que usted lee por treinta minutos cada día. A esa velocidad, podría leer un libro de no ficción a la semana y cincuenta y dos libros al año.

Leer más libros no es un pasatiempo lujoso reservado para los ricos e independientes. Leer más libros es algo para lo que puede encontrar el tiempo. Déjenos mostrarle cómo.

2. Comprométase a que la lectura sea una prioridad

No se salte esta parte. No se adelante para leer las tácticas. No se preocupe por aprenderse los trucos… todavía. Hay una cosa que debe hacer primero.

Para encontrar tiempo para leer, primero tendrá que comprometerse con la lectura. Leer es algo con lo que debe comprometerse. Liberar algo de su tiempo sin hacer este compromiso es como intentar hacer un viaje por carretera sin gasolina. No va a llegar muy lejos.

Usted es la única persona que puede hacer este compromiso. No podemos hacerlo por usted. Su familia, sus amigos, su mentor, su gerente o su pareja no pueden forzarlo a hacerlo. Tiene que tomar esa decisión y trabajar a partir de ella.

Cuando decida priorizar la lectura, entonces, pase lo que pase, encontrará el tiempo para abrir un libro. Sea lo que sea que prioricemos, encontraremos tiempo para hacerlo… y eso incluye leer libros. El capítulo siete lo guía para que sepa qué pasos debe dar para priorizar sus metas de lectura. Lea ese capítulo. Revise sus metas. Deje que la visión de la persona en la que quiere convertirse y lo que quiere leer sea el catalizador que necesita para comprometerse con leer libros, aprender nuevas habilidades e impulsar su carrera.

¿Está listo para comprometerse a leer más libros? Genial. Antes de encontrar maneras para liberar su tiempo, lo mejor será que primero revise sus ritmos diarios y semanales.

3. Revise los ritmos de su vida

Antes de equiparse con trucos de productividad, lo mejor que puede hacer es medir su tiempo. Seremos honestos: esto es algo tedioso y no muy divertido. Pero medir su tiempo es, posiblemente, lo mejor que puede hacer para encontrar tiempo para hacer cualquier cosa.

Cuando reflexione sobre sus ritmos diarios y semanales, tendrá un panorama claro de cómo está usando su tiempo. Desde identificar las potenciales e incontables veces que revisa su teléfono inteligente hasta cuándo ve televisión, medir su tiempo será como poner un espejo frente a sus hábitos de vida. Verá con claridad cómo está usando su tiempo realmente, no cómo *piensa* que lo está usando.

Es más, cuando vea de verdad en qué se le va el tiempo, se sentirá más animado para controlar cómo lo está usando. A medida que mida sus tiempos, antes de comprometerse a hacer algo, se sentirá naturalmente dueño de sí mismo y se preguntará si quiere o no hacer lo que se ha propuesto.

Este tampoco es un truco de psicología barata. Los beneficios de medir su tiempo son similares a anotar en un diario lo que come cuando está intentando perder peso. Múltiples estudios han confirmado que mantener un registro exacto de lo que se come es una manera segura para que las personas pierdan peso. Mantener un diario lo ayuda a ver y a ser responsable por lo que come… o por lo que hace con su tiempo.

Reflexione sobre sus ritmos diarios y semanales. Escuche a su vida. Sea transparente con cómo está usando el tiempo. Busque maneras para tener tiempo para leer.

4. Deshágase de la distracción más común

Si aún le parece difícil encontrar tiempo para leer, aquí le presentaremos las cosas más comunes que lo hacen perder el tiempo y que puede evitar para crear más márgenes en su vida:

- El adulto promedio de Estados Unidos pasa alrededor de cuarenta y dos minutos al día en Facebook[2].

- El tiempo promedio que pasa una persona en YouTube es de cuarenta minutos[3].

- En promedio, los adultos de Estados Unidos consumen cinco horas de televisión al día[4].

- El trabajador promedio pasa cuarenta y seis minutos yendo y volviendo del trabajo (¿le suenan los audiolibros?)[5].

Para hacer mayor énfasis, hay una cosa en particular que lo hace perder mucho tiempo y que nos gustaría resaltar: su teléfono inteligente. Es, posiblemente, una de las mayores distracciones a las que se enfrentará. Como un usuario de teléfono inteligente, lleva en su bolsillo un vórtex digital que puede actuar como una fuerza irresistible que ocupa su tiempo y su atención. De acuerdo con una encuesta hecha a once mil usuarios de teléfonos inteligentes, RescueTime descubrió que la persona promedio pasaba tres horas y quince minutos por día en su teléfono[6]. Este tampoco es un estudio aislado. Muchas otras encuestas y estudios han revelado números similares sobre el uso de los teléfonos inteligentes. Para hacerlo más claro, esto significa que el adulto promedio de Estados Unidos pasará casi un día por semana viendo la pantalla de su teléfono inteligente y alrededor de cincuenta y tres días al año deslizando, navegando o haciendo cualquier otra cosa en su dispositivo móvil.

> **Visite readtoleadbook.com/resources para descargar un diario que le permitirá medir sus tiempos.**

Afortunadamente no tenemos que apoyarnos en encuestas para ver cuán a menudo usamos un dispositivo móvil. Dependiendo de qué teléfono inteligente tenga, puede usar la opción de tiempo de pantalla para ver cuánto tiempo pasa con su dispositivo. Si tiene esta opción, tómese un momento para ver cuál es su tiempo de pantalla y, para bien o para mal, asúmalo.

No estamos diciendo que no pueda ver televisión, ver vídeos divertidos de gatos o pasar tiempo con sus amigos en redes sociales. Si está usando el tiempo haciendo lo que quiere, eso está bien. Pero si quiere mejorar profesionalmente, entonces lo animamos a que audite su vida, vea en dónde puede estar desperdiciando tiempo y escoja con propósito los libros que lee. Nos lo agradecerá después.

> **KARY OBERBRUNNER, autor *bestseller* de *Unhackable*, *The Elixir Project* y *Day Job to Dream Job*, sobre la vida lectora.**

> Creo que la persona que no lee está viviendo de una manera arrogante. Una persona que dice «no necesito leer» o «no quiero leer» básicamente se está diciendo a sí misma «no necesito pensar». En otras palabras: «todo lo que ya tengo en la cabeza es suficiente. No estoy dispuesto a abrirme más. No estoy dispuesto a leer cosas que puedan retarme, molestarme o perturbarme. Estoy bien».

5. Reemplace algo

Como cualquier cosa en la vida, si quiere empezar algo nuevo y cumplir una meta, entonces es probable que deba pasar menos tiempo haciendo algo más. Si actualmente no está leyendo tantos libros como le gustaría, entonces tendrá que reorganizar su cronograma de prioridades para hacer que eso suceda.

Cuando se trata de leer más, no asuma que sencillamente puede agregar un pendiente más a su cronograma diario y conseguir hacerlo. Confíe en nosotros. Eso no pasará.

Después de que revise sus ritmos de vida, le apostamos que será capaz de identificar una o más formas en las que pierde el tiempo. Desde ver demasiada televisión, quedarse despierto hasta bien entrada la noche y despertarse tarde hasta revisar su dispositivo móvil múltiples veces cada hora, tiene que haber al menos un hoyo en su cronograma por donde el tiempo se le va para nunca volver.

En lugar de intentar añadir una tarea adicional a su cronograma, reemplace algo en lo que ya está usando su tiempo por leer libros. Para empezar, revise con cuidado su consumo de redes sociales y el uso de su teléfono inteligente. Cambie quince o treinta minutos del tiempo diario que pasa viendo televisión o enviando mensajes de texto por tiempo para leer un libro. ¿Tiende a revisar las redes sociales mientras desayuna? En su lugar lea unas pocas páginas de un libro. ¿Vegeta enfrente de la televisión después del trabajo o antes de irse a dormir? Relájese y reduzca sus niveles de estrés con un libro que le encantaría leer. ¿Tiene una espera de quince minutos antes de recoger a sus hijos de la guardería o el colegio? Deje su teléfono de lado y tome un libro. ¿Se siente sin propósito los fines de semana? Lea varios libros.

Con el paso de los años, mi (el de Jesse) deseo por mantenerme al día con la temporada de fútbol americano, con las últimas películas o las series de televisión más recientes ha caído en picada. A medida que he incrementado mi consumo de libros, mi paladar con respecto a lo que quiero en la vida ha cambiado gradualmente. Hoy, en lugar de ver algo durante el día y por la noche cuando ya estoy cansado, como regla general prefiero agarrar un libro y leerlo. También le leo en voz alta a mi esposa por la noche, la cual es una manera perfecta de relajarse justo antes de irse a la cama.

No hay ninguna técnica que le funcione a todo el mundo para reemplazar algo de su cronograma por leer libros. Pero sabemos que, como poco, puede encontrar quince o treinta minutos para leer todos los días si reemplaza algo del tiempo que pasa en su teléfono inteligente o frente a una televisión.

6. Combata la tecnología con la tecnología

Sí, eso suena irónico. Pero esto es lo que pasa: es difícil dejar de lado su teléfono o dejar de consumir cantidades enormes de contenido en redes sociales de un momento para otro. Cambiar cualquier hábito después de meses o años de practicarlo no es fácil. Además, muchos estudios indican que el tiempo de pantalla y las redes sociales tienen elementos adictivos. Así que no es fácil sencillamente dejar las cosas. Pero no está solo en su batalla para reducir el tiempo de uso de su teléfono inteligente o su tiempo de pantalla.

Puede combatir la tecnología con tecnología.

¿Pasa mucho tiempo durante el trabajo, en su computador portátil o de escritorio, revisando redes sociales o sitios de noticias? Descargue una extensión que le impida visitar esas páginas. ¿Se distrae por las aplicaciones de redes sociales, los juegos o las aplicaciones de noticias de su teléfono inteligente? Descargue una aplicación que las bloquee durante ciertos momentos. ¿Pasa demasiado tiempo viendo series de televisión o películas? Use un dispositivo que le permita programar cuándo se apaga su wifi.

Recuerde, no tiene por qué ser un esclavo de la tecnología. Puede reemplazar el tiempo que usa frente a cualquier dispositivo con leer un libro. Al final del día es usted quien tiene que decidir dejar de lado su teléfono inteligente, desconectar su televisor o apagar su wifi. Está claro que apagar un interruptor o desconectar algo no cortará su tiempo de pantalla de una vez por todas. Pero lo empoderará hoy para reemplazar algo del tiempo que pasa en un teléfono o una pantalla con leer un libro.

7. Programe su día y semana ideales

Para crear tiempo para leer, para hacer de aquello un hábito que quiera "instalar", hay una cosa más que debe estar dispuesto a hacer: sentirse cómodo con la idea de programar tiempo para leer. Esto significa poner una cita en su calendario y tratar ese tiempo con el mismo nivel de importancia que le daría a cualquier otra reunión o compromiso que no puede saltarse.

Sin embargo, si no ha reflexionado sobre cómo usar su tiempo cada día y a lo largo de la semana, este paso no le funcionará bien. Sin el conocimiento de cómo usa su tiempo, no será capaz de ponerse metas realistas.

Programar su día o semana ideales depende de dos cosas: aclarar cuáles son sus metas lectoras y programar tiempo para leer. Primero, aprenda más acerca de crear metas de lectura con el capítulo siete.

Dependiendo de su meta de cuántos libros quiere leer al año, haga un desglose mensual, semanal y luego diario de metas de lectura.

Segundo, calcule cuánto tiempo le tomará leer el libro que quiere leer esa semana y después programe ese tiempo en su calendario. Para poder seguir adelante, digamos que decidió leer un libro que le tomará tres horas y media leer. Cuando haga su programación, puede bloquear treinta minutos cada día durante la semana o puede leer por una o dos horas en uno o dos días diferentes. Haga lo que haga, añada el tiempo de lectura a su calendario.

> **Vaya a readtoleadbook.com/resources para conocer una lista actualizada de aplicaciones y dispositivos que puede usar para bloquear aplicaciones, el wifi y más.**

No importa cómo programe su tiempo de lectura. Solo importa que abra espacio en su calendario para incluirlo. Lo único que le advertiremos que no haga al principio es programar horas de tiempo de lectura en un día si no está acostumbrado a leer tanto. Tratar de abarcar más de lo posible es una manera certera de fallar en sus metas de lectura.

8. Diga que «no» si sabe que dice «sí» demasiado a menudo

Programar tiempo para leer es como hacer una cita con usted mismo. Es tiempo crítico que invertirá en su desarrollo personal y profesional. Así que no se tome ese tiempo a la ligera, saltándoselo o cancelándolo por algún capricho.

Cuando alguien le pregunte si está disponible durante el tiempo que ha programado para leer, resista la tentación de mirar su calendario, ver que su petición *sólo* entra en conflicto con su tiempo de lectura y decir «seguro, podemos vernos a esa hora». Renunciar fácilmente al tiempo que ha programado para usted mismo es una trampa. Tenga cuidado.

Despéguese de los sentimientos de culpa que le genera decir «no». Permita que el «no» sea una frase completa. No está obligado a defender su respuesta.

En su libro increíblemente útil, *Gettin' (un)Busy: 5 Steps to Kill Busyness and Live with Purpose, Productivity, and Peace*, Garland Vance escribe que muchos de nosotros decimos «sí» demasiado rápido y demasiado a menudo[7]. Nos «programamos en automático para el sí» y si decimos que «no», entonces sentimos como si necesitáramos defender nuestra respuesta. «Defender el 'no' abre una puerta para que la persona que hizo la pregunta pueda retar sus razones o resolver el problema que le crean sus razones». Garland entonces sugiere que se programe automáticamente para el «no» y que defienda (ante usted mismo) el «sí».

No me malentienda (Jeff). La vida está llena de momentos en los que necesitamos olvidar los planes programados porque nuestra ayuda o tiempo se requieren legítimamente en otro lugar. Pero, en general, dejar tiempo para peticiones como esas está por completo dentro de nuestro control.

Cuando le llegue una petición para una reunión, una llamada telefónica o cualquier cosa que se cruce con su tiempo para leer y no sea una emergencia, no se rinda sin luchar. Sugiera otro momento. Es tan simple como decir: «tengo una cita a esa hora. ¿Le funcionaría este otro momento?». Una cita con usted mismo sigue siendo una cita.

9. Encuentre tiempo para leer a lo largo del día

La clave para leer libros es encontrar tiempo para leerlos. Leer más no es algo que sucederá por accidente. Sí, existe una posibilidad de que lea más libros cuando su deseo por leer se haga lo suficientemente fuerte. Otras veces tendrá que disciplinarse para leer aunque no sienta ganas de hacerlo en ese momento. En esos casos sus sentimientos pasan a segundo plano.

Existen un montón de trucos de productividad y sistemas que puede seguir. Pero solo hay una manera en la que puede encontrar el tiempo para leer: encontrando tiempo para leer. No queremos sonar condescendientes. Solo estamos señalando que leer toma tiempo y usted debe encontrar el tiempo para hacerlo. Para hacer espacio en su cronograma para leer, debe tratar esa actividad como algo importante, como una de sus prioridades. Para lograr eso, lo mejor es programar el tiempo desde antes, incluso si es desde la noche anterior. De esa manera, cuando se levante y revise su calendario diario o su lista de pendientes, ya tendrá programado el tiempo para leer. Cuando la lectura esté en su calendario, siempre encontrará formas de lograr lo demás que esté en su lista y estará mentalmente preparado para leer.

Veamos rápidamente cuáles son los tiempos que puede programar para leer.

Mañana

¿Necesita levantarse quince o treinta minutos más temprano para tener tiempo para leer? ¿Puede leer mientras desayuna o mientras se bebe su café o té? ¿Y qué hay de escuchar un audiolibro mientras se está arreglando?

Personalmente, a mí (Jesse) no me gusta levantarme temprano y el punto de la vida en el que estoy, con muchos niños pequeños en casa, no me permite dedicarme mucho al autocuidado por las mañanas. Sobra decir que mi familia y yo estamos ocupados alistándonos para el día. Jeff, por otra parte, lee intermitentemente a lo largo del día, a veces en su tiempo programado y a veces durante su tiempo libre.

¿Cuál es mi punto?

No tiene que meter a la fuerza la lectura en su rutina matutina. A algunos les funciona y a otros no. Cuando lea los trucos más recientes para hacer su mañana más productiva, tómelos con cuidado y analice qué es lo que le funciona mejor a usted.

Trayectos en transporte

¿Se va manejando al trabajo? ¿Toma el bus, el metro o el tren? Esos son momentos geniales para escuchar o leer un libro. De acuerdo con una encuesta, el tiempo promedio de un trayecto en trasporte en los Estados Unidos es de 26,1 minutos, lo cual significa que el trayecto de ida y vuelta es de casi una hora diaria[8]. Esto no significa que deba escuchar o leer algo durante todo ese tiempo. Considere usar solo una porción del tiempo de su trayecto leyendo un libro en lugar de escuchando música, radio deportiva o hablando por teléfono.

Pausas

Dependiendo de su cronograma, hará pausas a lo largo del día. Si es posible, use ese tiempo para relajarse con un libro o aprender algo nuevo. Entendemos que esto no es posible para todo el mundo todo el tiempo, pero tenga esto en mente mientras intenta convertir la lectura en una de sus prioridades.

Almuerzo

En algún punto de su jornada laboral o turno tendrá que almorzar. Este es un momento genial para leer durante algunos minutos. Planéelo con antelación. Sepa qué es lo que va a leer. Encuentre un lugar para irse con su comida, su bebida y un libro.

Después del trabajo

¿Cuáles son las dos o tres cosas principales que hace después de trabajar? ¿Es posible reemplazar algo de eso con un libro? Para mí (Jesse), eso no funciona… para nada. Tan pronto como termino de trabajar, paso tiempo de calidad con mi familia, mis hijos y mi esposa. Pero si usted no tiene obligaciones normales después del trabajo, leer un libro puede ser una gran manera de relajarse.

Antes de irse a la cama

Su tarde (o el final del día) puede ser una mina de oro en cuanto a tiempo de lectura se refiere. Para muchas personas, la práctica común es ver televisión o poner una película. Antes de que encienda alguna pantalla, presione el botón de pausa y más bien agarre un libro. Siéntese o acuéstese con un libro. O escuche un audiolibro antes de darle un cierre a su día.

De nuevo, estos son solo unos pocos momentos clave del día en los que puede incluir la lectura en su calendario. Lo que le compartimos aquí le dará algunas ideas. Así que úselas como un punto de partida para encontrar el tiempo para leer que más le convenga a usted.

Ahora es su turno

Si quiere leer más libros, podrá leer más libros. No hay ningún secreto, consejo o truco para leer más que tomar un libro, abrirlo y empezar a leer.

El reto más grande con el que se enfrentará será usted mismo. Si quiere leer más libros, tendrá que priorizar la lectura. No hay atajos para tomar esta decisión y usted es el único que puede tomarla. Afortunadamente, aunque *usted* es el mayor reto al que se enfrentará, *usted* también es la respuesta al problema en esta situación.

Revise los beneficios científicos de leer. Vea cómo los libros pueden impulsarlo a cumplir la visión que tiene de su vida. Incluso si tiene que esperar a que sus sentimientos se pongan al día, lidérese a usted mismo y comprométase con la lectura. Una vez que toma esa decisión, el tiempo que necesita para leer aparecerá.

Lecturas adicionales

Empiece a descifrar cómo manejar su tiempo y su energía y mejore su habilidad para concentrarse en lo que es más importante en la vida leyendo lo siguiente:

- *Organízate con eficacia* de David Allen.
- *Esencialismo: logra el máximo de resultados con el mínimo esfuerzo* de Greg McKeown.
- *¡Tráguese ese sapo!* de Brian Tracy.

CAPÍTULO 7

CÓMO CONSTRUIR SU PLAN DE LECTURA

«Una meta no se trata de aquello que logra.
Se trata de en quién se convierte después».

—Michael Hyatt

El primer libro que yo (Jesse) *recuerdo* haber leído fue en el verano del 2001.

Tenía veinte años y hasta ese punto de mi vida no había sentido ningún interés por la lectura.

Dejando de lado unos momentos fugaces de intereses académicos, la lectura y la educación no eran unos de mis intereses personales y tampoco los inculcaban mucho en mi casa. Jugar deportes y divertirse con amigos era todo lo que importaba.

Pero las cosas cambiaron para mí ese verano de dos formas muy grandes.

Primero, acababa de conocer a una chica (que ahora es mi esposa) y a ella le gustaba leer. Después de nuestra primera conversación me sentí intimidado. Ella era inteligente, audaz y sabía mucho de las situaciones actuales del mundo. Yo, por otra parte, era el típico estúpido. Jugaba fútbol y cualquier cosa que fuera académica me repelía. Y, bueno, yo quería verla de nuevo, pero sabía que necesitaba hablarle de algo inteligente la siguiente vez que la viera. Entonces fui a una tienda

Waldenbooks el fin de semana, me paseé por los pasillos y me compré una copia de *El arte de la guerra* de Sun Tzu.

No recuerdo por qué escogí ese libro específico, pero, sabiendo quién era en ese entonces, apostaría que algo tuvo que ver la palabra *guerra* en el título.

Después de llegar a casa, me senté y leí el libro entero. Aunque encontré el estilo de escritura arcaico, lento y difícil de entender, mi interés por impresionar a esta nueva chica me mantuvo leyendo.

No puedo decir que nuestra segunda cita (una cena en Chili's en Charleston, Virginia Occidental) pavimentara el camino hacia nuestro matrimonio o que mi amor por los libros cambiara radicalmente después de leer *El arte de la guerra*. Pero unos años después me casé con ella y me di cuenta de algo más: estaba leyendo muchísimo, lo cual era una anomalía para mí.

Yo tampoco estoy solo.

Redescubriendo el amor por la lectura

Además de los libros de texto que leí (Jeff) en la escuela, solo hay un libro más que honestamente recuerdo haber leído. Fue *El Hobbit* de J. R. R. Tolkien.

Aún tengo fresco ese recuerdo. Estaba en octavo grado y *El Hobbit* era uno de los libros, entre muchos otros, que podía escoger para una próxima tarea de escritura. No recuerdo cuáles fueron las otras opciones que me dieron. Pero cuando empecé a leer *El Hobbit*, recuerdo que pensé que definitivamente había tomado la mejor decisión.

No siempre me faltó la lectura durante mi juventud. Cuando estaba en primaria, me devoraba los libros en casa. Recuerdo algunos viajes a la biblioteca con mi mamá y mis hermanos. Tengo buenos recuerdos de ella leyéndonos a los tres algo de la serie *Boxcar Children* o uno de los muchos libros del Dr. Seuss. Era un gran fan de los *Hardy Boys* y de la Enciclopedia Brown, así como de cualquier cosa que involucrara resolver un misterio. En el colegio estaba convencido de que cuando creciera me convertiría en un detective. Los libros que leí alimentaron mi imaginación como nada más pudo hacerlo. Me hicieron creer que podía hacer cualquier cosa. Pero en el camino algo cambió. La lectura desapareció por completo de mi vida.

Cuando estaba a punto de entrar a la secundaria, en realidad *no me gustaba* leer. Y no solo no me gustaba leer, sino que lo detestaba con pasión. Entre las lecturas obligatorias que no me emocionaban y las montañas de tareas sobre temas que me daban igual, empecé a odiar todo lo que tuviera que ver con leer. Sentía que leer un libro era una tarea tediosa. Era algo que *tenía* que hacer, no algo que *quisiera* hacer.

¿Por qué comparto esto con usted?

Si el amor por la lectura puede renacer en un tipo como yo o puede florecer en alguien como Jesse, entonces todavía hay esperanza para usted.

Prepárese para leer más libros

No he leído un libro en años. Leer es aburrido. ¿No sabe lo ocupado que estoy? ¿Y si solo veo un vídeo o escucho un pódcast?

Puede que esté pensando estas cosas u otras parecidas.

Lo entendemos.

Leer libros no es fácil, puede sentirse como un trabajo y percibir las notas de vainilla de un libro viejo puede recordarle experiencias horribles que tuvo en el colegio. Esas y otras razones pueden ser suficientes para que deje los libros acumulando polvo en su estantería o eternamente en la lista de pendientes para comprar más adelante.

No permita que las excusas se interpongan en su camino.

Si quiere leer más libros, escúchenos decir esto alto y claro: puede hacerlo.

En los últimos años, entre los dos, hemos leído alrededor de 160 libros por año. Eso incluye los libros que hemos leído o escuchado por trabajo, entretenimiento y desarrollo profesional, así como los libros infantiles que yo (Jesse) les leo a mis hijos.

Como usted, no tenemos un montón de tiempo libre. En cuanto a mí (Jesse), tengo cinco hijos, dos gatos, un perro y un conejo. Además, trabajo a tiempo completo, escribo libros y mi familia y yo estamos involucrados con una iglesia. En cuanto a Jeff, él está casado, tiene perros que podrían confundirse con hijos, tiene una empresa y un pódcast, da clases en una universidad local y actúa como mentor de varios emprendedores.

Sin importar su situación, puede leer más libros. Pero esto es lo que tiene que saber: leer no es algo que suceda por accidente. Verá, su tiempo es limitado. Hay millones de libros en circulación y miles más que se publican semanalmente. Es imposible leer todo lo que ha sido escrito o que se escribirá. Tiene que escoger con sabiduría, especialmente si quiere beneficiarse de una manera profesional de lo que lea.

Para leer más libros necesita tener un plan de lectura. Por fortuna no es un proceso complicado. Un plan de lectura es básicamente una lista de libros que quiere leer. De esa manera, en lugar de ir de un libro aleatorio a otro libro aleatorio, cree un plan de lectura que lo ayude a centrar sus esfuerzos en aquello que debería leer para alcanzar sus metas.

Abajo encontrará el proceso que uso para determinar qué libro leeré. Para ser muy honesto, hay momentos en los que sigo este plan religiosamente y hay otros momentos en los que incluso me olvido de que existe. Además, hay épocas en las que no puedo leer tanto como me gustaría. Pero me ha ayudado a leer más libros y sé que también lo ayudará a usted.

MIKE MILLER, vicepresidente de High Performance Leadership, de Chick-fil-A, Inc. y autor internacional con gran número de ventas de *Gane cada día*, sobre la vida lectora.

Hace muchos años aprendí de un mentor que si se tiene una hora para leer, se debería leer solo por treinta minutos. Y debería pasar los otros treinta minutos intentando descifrar qué significa lo que acaba de leer y qué hará con ello.

Si se lo toma al pie de la letra, podrá decir: «bueno, pero eso reduce mi tiempo de lectura». Pero yo diría que, por el contrario, aquello tendrá un gran impacto en su efectividad. Estoy intentando asegurarme de tener suficientes márgenes en mi vida, en mi calendario, para realmente pensar en lo que estoy leyendo.

Mi familia y yo nos mudamos hace poco y ahora paso más tiempo en el carro, así que estoy usando más Audible (una aplicación de audiolibros). Probablemente no retengo tanto como lo haría si me sentara a leer un libro, pero si puedo obtener un 60 o 70 por ciento, en lugar del 80 o 90 por ciento, eso para mí es mejor que nada. Lo que hago a menudo es escuchar un libro y luego comprar una copia física. Prácticamente estoy usando Audible para escanear el contenido de los libros.

De nuevo, el tiempo para pensar, para absorber, para reflexionar… ese es el momento en el que creo que realmente se interiorizan los conceptos y se puede actuar sobre ellos.

Paso 1: conozca su porqué

¿Por qué quiere leer más libros?

¿Quiere aprender una nueva habilidad? ¿Está investigando para un proyecto nuevo? ¿Está interesado en leer una historia que lo cautive?

Como lo mencionamos en el capítulo dos, existen muchos beneficios que surgen por leer más libros. Pero, por el bien de crear su plan de lectura, es esencial que tenga claro su "porqué" antes de seguir adelante. Esto no solo lo ayudará a construir su plan de lectura, sino que lo ayudará a no rendirse, a cambiar sus hábitos y a leer más libros… incluso cuando sienta ganas de rendirse.

Entonces, ¿por qué quiere leer más libros? ¿Quiere aprender nuevas habilidades? ¿Necesita ayuda para superar un obstáculo? ¿Está interesado en expandir su vocabulario, aprender sobre una era histórica específica o eventos contemporáneos o quiere convertirse en un mejor conversador? Sea cual sea su motivación, es momento de recordarla. Su porqué impulsará su progreso y lo llevará a cumplir sus metas de lectura.

Personalmente (Jesse), leo libros que me ayuden profesionalmente; que me den nuevas perspectivas sobre ser un esposo, un padre y un amigo; que me permitan aprender sobre historia, la coyuntura actual y las personas influyentes; que me ayuden a explorar mis intereses personales y me entretengan.

Paso a dar: identifique hasta cinco razones por las que quiere leer más libros.

Paso 2: tenga metas de lectura realistas

¿Cuántos libros debería leer este mes o este año?

Bueno, eso depende.

Existen múltiples variables que influyen en esta ecuación. La cantidad de libros que pueda leer será diferente a la cantidad de otra persona. Así que sea cuidadoso y no imite los hábitos de lectura de otra persona que ha estado leyendo durante años o que está en una etapa diferente de la vida.

Lo mejor que puede hacer es comparar cuánto leyó hoy y cuánto leyó ayer. Puede estar listo para leer un libro al mes y eso está bien. O puede estar preparado para leer un libro a la semana. Sin importar cuál sea su situación, lo mejor será que se proponga una meta realista.

Para empezar, lea el capítulo seis para pensar cuánto tiempo puede dedicarle a la lectura. No será capaz de leer cincuenta libros al año si solo tiene el tiempo disponible para leer doce. Es más, si sabe que está a punto de entrar en una etapa muy ocupada de su vida (una en la que tenga más responsabilidades en el trabajo o en la casa, más viajes o vacaciones), considere eso en la ecuación. Solo tendrá cierto tiempo que podrá dedicar a la lectura y habrá momentos en los que su tiempo de lectura se verá ocupado por algo más y eso está bien. Crear un plan de lectura y un hábito depende más de mantener un compromiso a largo plazo, no de cumplir metas a corto plazo.

Hablando de metas realistas, no planee leer cien libros este año si no ha leído un libro en un buen tiempo. Debe aprender a gatear antes de poder caminar… lo mismo pasa si planea una maratón de lectura. En lugar de eso, cree un plan de cuántos libros leerá en los próximos tres meses.

No importa cómo programe su tiempo para leer, ya sea «leeré quince minutos por día» o «leeré trescientas páginas a la semana». La idea más grande que queremos que se lleve de este paso es que está encontrando el tiempo que necesita en su cronograma para poder leer. De esta manera podrá tener una mejor idea de lo que es capaz de hacer. Prepárese para tener éxito en vez de chocarse y crear un incendio de decepción.

Paso a dar: determine cuántos libros quiere leer en el próximo mes, trimestre o año. Ahora, vuelva al capítulo seis para descubrir cómo encontrar tiempo en su cronograma para cumplir sus metas de lectura.

Paso 3: escoja categorías o géneros

Probablemente tiene en mente algunos libros que quiere leer. Pero antes de que termine de escoger, piense acerca de los tipos de libros que quiere leer en categorías amplias.

Identificar esas categorías lo ayudará a seleccionar libros específicos para cumplir sus metas y le permitirá mantener una dieta lectora balanceada, así como también le facilitará planear y organizar lo que vaya a leer.

En este momento yo (Jesse) tengo seis categorías en las que me enfoco: negocios, historia, teología, cultura, infantil y ficción. Me decidí por estas categorías basándome en las metas que identifiqué que tenía.

Por ejemplo, para mi categoría de negocios generalmente leo libros de *marketing*, gerencia y emprendimiento. Con esta categoría estoy leyendo de manera constante libros que me ayudan a mejorar como profesional. La categoría infantil contiene los libros que les leo en voz alta a mis hijos. Allí se incluyen libros cortos y divertidos, pero en su mayoría son clásicos.

Las otras categorías que he identificado son áreas de interés personal. Aunque no necesariamente soy un gran fanático de la ficción, leer esta categoría me ayuda a expandirme como lector y a aprender cómo cuentan las historias los mejores escritores.

Cuando se trata de nombrar las categorías que quiere leer, identifique qué tipo de libros lo ayudarán a cumplir sus metas y qué cosas disfruta leyendo en realidad. ¿Qué tipo de libros influenciarán más su vida, su trabajo, sus pasatiempos y sus aspiraciones? ¿Qué tipo de libros le gustaría leer por su capacidad para entretenerlo?

Si necesita ayuda con la paternidad, planee leer unos cuantos libros sobre paternidad. Si está buscando nuevas ideas de negocios, escoja algunos títulos de emprendimiento. Si está planeando crear un jardín este año, entonces lea algunos libros específicos de jardinería según su región para saber cómo empezar con buen pie.

Aquí tiene una lista corta de los diferentes géneros que puede considerar:

- Religión.
- Misterio.
- Negocios.
- Viajes.
- Historia.
- Ciencia.
- Cómics.
- Biografías.
- Fantasía.
- Literatura infantil.

Ahora, categorizar sus lecturas no es necesario para cada momento de su vida. Hubo instantes en mi pasado cuando tuve que enfocarme en una o dos categorías porque estaba intentando aprender una nueva habilidad o investigar para un nuevo proyecto, como escribir un libro.

Paso a dar: escoja tres o más categorías o géneros que lo ayudarán a alcanzar su meta, o una o dos categorías que lo ayudarán a aprender algo nuevo.

Paso 4: hágale seguimiento a lo que lee

Hacerle seguimiento a su plan de lectura es como crear un mapa: lo ayudará a llegar a su destino. Para hacerle seguimiento a lo que lee, sencillamente puede crear una lista con papel y lápiz, usar una aplicación para tomar notas o crear una hoja de Excel. No importa cómo le haga seguimiento a lo que lee siempre y cuando use un sistema manejable.

Si está siguiendo este proceso, todo lo que necesita es crear tres columnas. Nombre la primera columna *Categoría*. Esta es la columna que usará para hacer el seguimiento de qué género o categoría ha escogido. Nombre la segunda columna *Título*, la cual usará para escribir el título del libro. Finalmente, nombre la tercera columna *Autor* y úsela para escribir el nombre del autor. Si quiere puede añadir más columnas para hacerle seguimiento a cualquier otra cosa que quiera, como la calificación que le da al libro o quizás las notas y pensamientos que tiene al respecto.

Sin importar qué sistema use para rastrear lo que lee, la meta no necesariamente tiene que ser llenar todo el calendario, sino saber qué está leyendo este mes y el siguiente, de manera que pueda estar preparado y tener lo necesario para leer. De esta forma no se va a quedar esperando ni gastará tiempo reuniendo materiales cuando podría estar leyendo.

En este momento mi calendario está lleno durante los próximos tres meses y tengo una cantidad de libros identificados y que quiero leer. Pero mi lista cambia regularmente.

Leer es una actividad fluida. Si no está disfrutando de un libro o ya ha entendido lo que el autor está intentando decir en las primeras cincuenta páginas, siéntase libre de abandonarlo. No hay ninguna razón para leer completo un libro que no quiere o no tiene que leer.

Paso a dar: cree un rastreador (un diario de lecturas) para su plan de lectura.

> **Descargue una copia de la hoja de cálculo de este plan de lectura en www.readtoleadbook.com**

Paso 5: escoja sus títulos

Aquí viene lo divertido.

Tiene una meta de lectura. Ha creado un plan. Sabe qué categorías va a leer. Ahora puede escoger los libros individuales.

No se atasque al momento de escoger libros. Idealmente, es mejor identificar una cantidad suficiente de libros para leer durante los próximos dos o tres meses para que pueda completar su meta de lectura. Pero al final del día lo único que tiene que saber es qué va a leer a continuación.

Para completar este paso vuelva al capítulo cinco y responda las preguntas que le dimos para identificar qué libros le gusta leer. Mientras lo hace, escoja qué libros va a leer basándose en las categorías o géneros que seleccionó en el paso tres.

También puede preguntarles a sus amigos, revisar las listas de los más vendidos o de Goodreads, leer clásicos o explorar títulos similares a sus libros favoritos.

Ahora, estas selecciones no están escritas en piedra. Siéntase libre de reorganizar los títulos individuales que quiere leer. Su meta en este paso es identificar qué libros quiere leer. Si recibe una gran recomendación o siente que no se soporta ni un solo libro de negocios más, tómese un descanso. Lea algo más.

Paso a dar: revisite las listas de libros que creó en el capítulo cinco y haga una lista de tres o cinco títulos que quiera leer dentro de cada categoría que escogió antes.

Ahora es su turno

¿Qué libros debería leer?

¿Cuántos libros quiere leer?

¿Cuánto tiempo puede dedicar a la lectura?

Ahora cree un plan de lectura que una todas esas cosas. De eso se trata todo este capítulo y esta sección: de ayudarlo a aclarar sus metas de lectura, de crear márgenes en su vida y desarrollar un plan de lectura para leer más libros.

En la siguiente sección y los siguientes capítulos vamos a seguir construyendo sobre esta base. Vamos a compartir con usted consejos de lectura muy útiles para ayudarlo a leer más rápido y para comprender y retener más de lo que lee. Y también le compartiremos otros tips que puede usar para sacarle el mayor provecho a lo que lea, aprender nuevas habilidades e impulsar su carrera.

Lecturas adicionales

Lea *Los 7 hábitos de las personas altamente efectivas* de Stephen Covey para desarrollar una aproximación basada en los principios para su vida, su carrera y su plan de lectura.

PARTE 3

LA MANERA MÁS INTELIGENTE DE LEER LIBROS

CAPÍTULO 8

CÓMO INTERIORIZAR UN LIBRO EN SU SISTEMA

«Leer un buen libro es como tener una conversación
con las mejores mentes de los siglos pasados».

—Descartes

¿Quién es esa persona que admira a la distancia?

¿Le gustaría hacerle una pregunta?

Hay varias personas que se me vienen a la mente (Jesse) cuando pienso en esa pregunta: Theodore Roosevelt, Ryan Holiday y Francis Schaeffer. Dos de estas tres personas ya han muerto, pero aun así puedo disfrutar de una conversación con ellos, así como con Ryan Holiday, sin conocerlos en persona. ¿Cómo? Leyendo sus libros.

Verá, leer un libro es como tener una conversación con el autor.

Si está leyendo un libro de no ficción, entonces seguro está interesado en aprender del autor. Ya sea que esté buscando la respuesta a una pregunta, la solución a un problema o cómo hacer algo nuevo, compró su libro para que lo ayude a usted en el camino.

Esto suena obvio, pero es importante señalarlo.

Cuando compra un libro de no ficción (como el que está leyendo ahora), lo hace porque cree que el autor sabe más sobre el tema que usted. Si ese no es el caso, entonces déjenos darle un consejo que no nos ha pedido: no compre su libro.

Para sacar el máximo provecho de los libros que lea (para interiorizar un libro en su sistema), necesita pensar en usted como un estudiante mientras lee. Trate el libro que tiene enfrente como si estuviera sentado en una clase con el autor.

Usted es el estudiante.

El autor es el profesor.

Y este cambio de mentalidad hace toda la diferencia.

No podemos saber si se considera un buen estudiante o no, pero puede ser un estudiante excelente de cualquier libro que esté leyendo sin tener ninguna clase de entrenamiento formal, pasado literario o coeficiente intelectual altísimo. Todo depende de que escoja ser un lector *activo* en lugar de uno *pasivo*. A medida que lea puede escoger saltarse aleatoriamente partes del libro, no tomar notas y leer sin pensar de verdad en lo que está leyendo. O puede escoger concentrarse en lo que lee, hacerse preguntas en el camino para aclarar dudas y prepararse para aplicar después las lecciones que ha aprendido. La decisión es suya.

Existen momentos en los que leerá por placer o entretenimiento, pero, para centrarnos en el propósito de este capítulo, aquí estamos hablando de leer para aprender.

Antes de entrar de lleno al asunto, tomémonos un momento para hablar acerca de la comprensión y la retención lectora. No vamos a ser demasiado técnicos, pero hay una diferencia entre ambos conceptos que usted necesita conocer porque eso influye en cómo aborda los libros que lee.

La comprensión lectora *versus* la retención lectora

¿Cuál es la diferencia entre la comprensión lectora y la retención lectora? La primera radica en entender lo que lee mientras lo lee, en tanto la segunda radica en recordar después lo que ha leído. ¿Puede entender los libros que lee? Esa es la comprensión. ¿Recuerda el libro o recuerda detalles específicos? Esa es la retención.

No se tome esta diferencia a la ligera.

La comprensión lectora y la retención lectora son dos habilidades diferentes que requieren ser abordadas de dos maneras distintas. Al aprender estas dos habilidades se encontrará de camino a interiorizar lo que lee. En el resto del capítulo vamos a mostrarle cómo dominar ambas cosas.

> **EDWARD THOMAS, comandante enlistado de Operaciones y Leyes Internacionales del Departamento de la Fuerza Aérea de Estados Unidos, sobre la vida lectora.**
>
> Mientras leo un libro (digital o una copia física), disfruto de la habilidad que tengo para subrayar o marcar una página para volver a ella después y analizarla con más profundidad. El año pasado tuve el debate mental sobre si empezar a escuchar audiolibros también (escuchar pódcasts me ayudó a tomar la decisión). Cuando aparece información que me interesa o de la que puedo aprender más, en la aplicación que uso para escuchar el libro, marco digitalmente el tiempo y continúo haciéndolo hasta que he completado el libro. En ese momento me devuelvo, escucho de nuevo lo que marqué y creo una pestaña nueva en mi OneNote de Microsoft para escribir mis pensamientos sobre los temas. En ese momento es cuando soy capaz de pensar más acerca del material y de encontrar maneras para aplicar la información.

Guía paso a paso para interiorizar un libro

Para interiorizar un libro en su sistema, existen seis pasos que debe dar. Este proceso debe cumplirse a cabalidad, en el orden que le presentamos, para que pueda digerir mejor el material que lee.

Paso uno: observe el panorama general

Antes de leer un libro, luche contra el impulso de sentarse, abrirlo y empezar a leerlo de principio a final. ¡Deténgase! Es mejor tomarse unos momentos para entender qué es lo que está a punto de leer. De esa manera puede prepararse para comprender tanto como sea posible.

Esto puede parecer contraintuitivo, pero escúchenos.

A lo largo de los años, diferentes métodos de comprensión de lectura (como el EPLRR o EFGHI) han incluido este paso por una razón: funciona. Hacer un examen preliminar de lo que está a punto de leer puede servirle mucho para prepararse y convertirse en un lector activo, lo que a su vez aumenta su comprensión lectora.

Cuando se trata de hacer una revisión preliminar del contenido, esto es lo que tiene que hacer:

- Sepa qué es lo que va a leer (lea un capítulo, por ejemplo).
- Écheles un vistazo a la introducción y la conclusión.
- Familiarícese con los títulos de los capítulos y los nombres de las secciones.
- Identifique los puntos en los que se hace énfasis (los subtítulos en negrilla o las frases en cursiva, por ejemplo).
- Póngase un límite de tres a cinco minutos.

Recuerde, el objetivo de este paso no es enterarse de todo. La idea es prepararse para hacer preguntas y relacionarse de manera más profunda con el material, lo cual nos lleva a nuestro siguiente paso.

Paso dos: haga preguntas

Leer un libro es como tener una conversación[1]. Y una buena conversación depende de que existan preguntas inteligentes y bien pensadas. Como lector no querrá hacer cualquier pregunta. Este es el momento para hablar tanto como quiera. Necesita hacer las preguntas correctas y en el orden adecuado. De esa manera entenderá qué era lo que el autor quería decir, no lo que usted pensó que dijo. Y hay una gran diferencia entre esas dos cosas.

Piense en ello de esta forma. Imagine que está cara a cara con un autor para discutir su libro. Este libro tiene el potencial para ayudarlo a resolver un problema, responder una pregunta o superar un obstáculo al que se está enfrentando. Para aprovechar al máximo el tiempo y aprender tanto como le sea posible es esencial que se prepare para esa charla. Y la manera en la que puede hacer eso es planteando buenas preguntas.

Saber qué preguntas hacer antes de leer es una forma simple de potenciar su comprensión. Preparar un conjunto de preguntas por adelantado activará su mente para que encuentre las respuestas en lo que está leyendo. De alguna manera, las preguntas se convertirán en la brújula que guiará sus esfuerzos.

Estas son algunas preguntas que puede usar para potenciar su comprensión lectora:

- ¿Qué pregunta está intentando responder este capítulo?

- ¿Qué problema quiere resolver este capítulo?

- ¿Qué preguntas me gustaría que se respondieran en este capítulo?

Este es un truco popular que puede usar: adapte los nombres de los capítulos y de las secciones y conviértalos en preguntas. Por ejemplo, en el capítulo diez de este libro uno de los subtítulos se llama *Un consejo importante que debe saber antes de leer rápido*. Eso, convertido en una pregunta, podría ser algo como: ¿cuál es el truco que debo conocer antes de aplicar la lectura rápida?

Entendemos que probablemente aprendió esos trucos de comprensión u otros en la escuela primaria, pero también sabemos que no es una mala idea refrescar ese conocimiento.

La mayoría del tiempo esas preguntas bastarán para impulsar su comprensión lectora. Pero hay otros momentos en los que querrá sumergirse más profundamente en el material que está leyendo. Para alcanzar un nivel más alto de lectura, recurramos a los maestros de leer libros de forma correcta: Mortimer Adler y Charles Van Doren.

En *Cómo leer un libro: una guía clásica para mejorar la lectura*, estos autores sugieren responder las siguientes cuatro preguntas en el orden en el que las presentan para llegar a las profundidades de lo que sea que esté leyendo.

1. ¿De qué se trata el libro en general?

Para obtener la respuesta a esta pregunta tendrá que leer el libro completo. Después de eso, los autores sugieren que identifique el tema principal y que luego identifique cómo se desarrolla a lo largo del libro.

En este punto su meta es asegurarse de que ha comprendido la idea principal. En el siguiente paso ya podrá entrar a los detalles más precisos.

2. ¿Qué se está detallando y cómo?

Al responder esta pregunta está explorando el libro para descubrir cómo está justificando el autor su tema principal. Una de las mejores maneras de hacerlo es escribir un resumen del libro. Desde crear un esbozo de cada capítulo para resaltar el punto principal y los detalles secundarios hasta resumir los puntos clave que aprendió del libro, no existe una técnica universal para resumir en libro y cada persona lo hace de una manera diferente.

Sin importar cuál sea su aproximación para responder esta pregunta, lo principal es dar ese paso y analizar el libro. Cuál sea su técnica al hacerlo puede ser debatido. Lo bueno de este paso es que llevará su comprensión del libro a un nuevo nivel.

3. ¿El libro dice la verdad por completo o solo en ciertas partes?

Muy bien. Un autor escribió un libro sobre un tema y presentó varios argumentos a lo largo de las páginas. ¿Todo lo que dijo es verdad? ¿Probó su hipótesis? ¿O hay puntos débiles en su argumento?

Antes de que trate de responder si el libro dijo o no la verdad, queremos darle una advertencia: asegúrese de responder las dos primeras preguntas de este proceso antes de invertir su tiempo con esta. Si no sabe qué fue lo que dijo un autor, no hay manera de que en realidad pueda estar de acuerdo o en desacuerdo con él.

4. ¿El libro sí le sirvió para lo que se proponía?

A primera vista esta pregunta puede sonar irónica, pero aquí es donde ponemos a prueba la práctica de examinar un libro.

Al final ya ha leído un libro, así que es hora de saber por qué el autor pensó que era esencial escribirlo y si fue importante o no para usted. Por ejemplo, ¿su libro le contestó sus preguntas? ¿Necesita buscar recursos adicionales? Dependiendo de sus necesidades lectoras, quizás tenga que pasar por todo el proceso que han propuesto Adler y Van Doren. Responder estas cuatro preguntas puede estar más diseñado para los momentos cuando debe entender un libro por completo, cuando tiene un examen o una tarea, por ejemplo. Por si le sirve de algo, nosotros no contestamos estas cuatro preguntas cada vez que leemos un libro.

Ahora está listo para tener una conversación con el autor. Ha hecho una evaluación previa de su libro y está preparado para hacer preguntas. Es momento de prepararse para obtener las respuestas, lo cual nos lleva al siguiente paso.

Paso tres: escriba en su libro

Yo (Jesse) personalmente soy fanático de los libros físicos. Mi familia y yo tenemos más de dos mil libros y es probable que solo tengamos unas pocas docenas de libros electrónicos.

Me gusta cómo se sienten los libros físicos en las manos. Cómo huelen. Pero, lo que es más importante, leer un libro físico es ideal para mi estilo de lectura y me ubica en una mejor posición para tener una conversación con el autor.

Escribir en su libro es una gran manera de responder las preguntas de las que acabamos de hablar[2]. Supongo que también puede tomar notas en su lector electrónico, pero eso no es para mí.

Una salvedad: dibujar símbolos elegantes o subrayar todo lo que lea no necesariamente lo ayuda a retener información[3]. Pero de todas maneras ese no es el punto. Hacerse preguntas, interactuar de forma activa con el material y subrayar y escribir en su libro mientras lo lee lo posicionarán para que pueda entender mejor lo que está leyendo. En cierto sentido, puede decir que escribir en su libro es como hablar con el autor.

Esto es a lo que nos referimos.

Sería incómodo conocer a un autor en persona si usted solo se sentara a escuchar lo que el hombre dijera todo el tiempo. Es todo un reto mantener una conversación activa cuando solo habla una persona, y sería igual de difícil para usted retener lo que el otro estuviera diciendo sin tomar notas. Si fuera a conocer a un autor en persona y supiera que él tiene las respuestas a sus preguntas, le apostamos que iría con papel y lápiz (o un teléfono) para tomar notas. Eso es similar a escribir en su libro.

Aquí tiene doce formas en las que puede escribir libremente en su libro:

1. Subraye o resalte las frases interesantes.

2. Dibuje líneas verticales en los márgenes para marcar párrafos o secciones interesantes.

3. Escriba preguntas o comentarios en los márgenes.

4. Responda las preguntas previamente mencionadas en los márgenes.

5. Encierre en un círculo las palabras o puntos clave.

6. Use un punto o un asterisco para marcar una idea principal.

7. Escriba notas en los márgenes.

8. Escriba el número de la página en donde se repite una idea.

9. Escriba números junto a una secuencia de puntos.

10. Resuma cada capítulo en la página en blanco que hay entre capítulos.

11. Escriba un esbozo del libro en las páginas en blanco que haya en el libro.

12. Resuma la idea principal del libro en las páginas en blanco del final del libro.

No tenga miedo de escribir en sus libros. Para nosotros sería un honor si tomara notas y escribiera comentarios dentro de estas páginas a medida que lee el libro. Haga marcas. Resalte frases. Doble las esquinas de las páginas. Escriba notas. Deje sus pensamientos en los márgenes. Converse con el libro que está leyendo.

¿No está convencido de escribir en su libro? ¿Está leyendo un libro de la biblioteca? No se preocupe. Siéntase libre de usar notas adhesivas para marcar partes del libro. Si se decide por esta opción, considere comprar un set de banderitas multicolores que pueda usar para capturar diferentes ideas. Por ejemplo, puede usar una banderita azul para llevar su atención a una cita o una banderita rosada para recordar un punto esencial.

Escribir en su libro (o usar banderitas) activa su mente, lo ayuda a comprender lo que lee y es una gran forma en la que puede seguir sus ideas, lo cual nos lleva al siguiente paso.

Paso cuatro: tome notas

Después de dar los primeros tres pasos ya conocerá el libro. Pero, como se lo mencionamos antes, comprender lo que lee es diferente a retener lo que lee. En los próximos pasos le presentaremos cuatro formas que lo ayudarán a recordar mejor lo que ha leído.

Cuando esté leyendo y resaltando el libro, es esencial que capture esos descubrimientos clave en notas. Como con muchas cosas en la vida, hay muchas maneras igualmente valiosas en las que puede tomar notas.

Lo que nos funciona bien a nosotros o a alguien más puede que no encaje con usted y eso está bien. Use lo que le compartimos aquí como un punto de partida.

Tome notas en sus libros

En el paso anterior le sugerimos que tomara notas en sus libros. Ya sea que resuma los capítulos, mencione partes resaltadas o reescriba puntos clave del libro, usar el libro mismo como libreta es una manera de mantener sus pensamientos en un solo lugar.

Esa es mi (la de Jeff) manera favorita de tomar notas. Casi todos los libros tienen una o más páginas en blanco al principio o al final. La forma en la que mantengo mis notas en los libros es creando un índice en esas páginas en blanco.

Cuando me encuentro con una frase o un concepto que quiero recordar o cuando algo me da una idea, escribo el número de página en mi índice y añado una breve nota de una línea sobre su importancia.

Una de las razones por las que amo tanto este método (gracias, Jonathan Milligan, por compartirlo conmigo) es porque nunca tengo que recordar en dónde están mis notas. Están en el libro mismo y puedo volver a ellas con facilidad. Para mí, eso es todo un éxito.

Use tarjetas para tomar notas

Este es el método que yo (Jesse) empecé a usar recientemente. Mientras leo un libro, hago marcas similares a las sugeridas justo arriba. Después vuelvo al libro, página por página, y miro las marcas que hice para más adelante escribir citas o puntos clave en mis tarjetas. Empecé a hacerlo después de escuchar a Ryan Holiday hablar al respecto.

En cada una de esas tarjetas también escribo un tema en la esquina superior derecha, como «*marketing*», «religión» o «vida», de manera que pueda clasificarlas con facilidad en categorías. Luego escribo una nota, punto clave o cita e incluyo el número de página para poder buscar la información sin problemas después. Al final guardo las tarjetas en mi "libro general", que es una manera elegante de decirle a mi archivador de tarjetas.

Evité hacer eso por muchos años y, para ser honesto, me arrepiento de haber esperado tanto para empezar. Esta técnica ha incrementado mi retención y mi archivador de tarjetas me permite guardar y buscar las notas con facilidad tiempo después.

Use un procesador de palabras o una aplicación para tomar notas

Para muchas personas, un procesador de palabras como Microsoft Word, Google Docs o una aplicación para tomar notas como Evernote o Apple Notes es el lugar ideal para guardar sus notas. Eso es lo que yo (Jesse) hice durante un tiempo.

Obviamente puede guardar sus notas en uno de estos programas y, debo admitirlo, es mucho más fácil guardar sus esbozos y resúmenes largos de esta manera.

Sin importar qué opción escoja, utilícela, comprométase con ella y no se atrase en su proceso. Con el tiempo se dará cuenta de qué método para tomar notas le funciona mejor a usted. Aunque este paso está centrado en incrementar su retención, también es útil para solidificar aún más su comprensión, pues está interactuando de nuevo con el libro.

Use un cuaderno

Otra técnica en la que yo (Jeff) me he apoyado para tomar notas es usar un solo cuaderno. No uso ese cuaderno para nada que no sea anotar cosas de los libros que he leído. Siempre tengo este cuaderno a la mano mientras leo. Le añado cosas con regularidad y solo cuando está lleno paso a un siguiente cuaderno.

Solo hay un contratiempo que he descubierto: después de llenar múltiples cuadernos es difícil saber cuál contiene las notas de un libro particular que quiero revisitar. Al principio literalmente los estaba abriendo uno por uno y echándoles un vistazo. Pero una manera en la que he hecho de este proceso algo más sencillo es incluyendo una nota adhesiva divisoria en el cuaderno cada que empiezo un nuevo libro. Generalmente escribo una versión abreviada del título del libro en la nota divisoria para poder verlo con facilidad en la parte del papel que sobresale del cuaderno. Esto hace que sea sencillo revisar el cuaderno y encontrar las notas del libro que estoy buscando.

Paso cinco: revise sus notas

Un dato sobre las notas: no sirven de nada si no las revisa.

La periodicidad con la que revise sus notas depende de usted y su situación. Si es un estudiante preparándose para un examen, es ideal que mantenga fresco lo que estudió y las revise con frecuencia. Para sencillamente retener lo que leyó, considere volver a las notas que escribió cada varios meses.

Para hacer bien este paso es clave que haya hecho bien el anterior. Por ejemplo, al prepararme (Jesse) para escribir este libro, escaneé rápidamente el contenido de más de una docena de libros para que mi cerebro asimilara qué era lo que quería compartir. Aunque esto sucedió antes de que empezara a usar el sistema de las tarjetas de notas, sí que dejaba marcas en los libros que leía, lo cual me facilitó escribir luego las ideas esenciales.

Revisar sus notas no solo es útil para escribir libros, sino para muchas otras cosas. Desde prepararse para una presentación para desarrollar nuevas ideas de negocio hasta esbozar un discurso, este paso será como añadir nitroglicerina a su tanque de gasolina: le dará más potencia a su trabajo.

Paso seis: pase a la acción

Hay una sola cosa que un libro no puede hacer por usted. ¿Sabe cuál es?

No puede obligarlo a hacer nada, sólo usted puede hacerlo.

Puede haber encontrado la respuesta a su problema en un libro, pero si en realidad no hace nada al respecto, entonces sigue estancado. No es como si el autor pudiera tomarlo de la mano y obligarlo a hacer lo que le está sugiriendo.

Verá, «un problema práctico sólo puede resolverse actuando»[4].

Las palabras que lea no pueden quedarse en los confines de su mente. Debe luchar activamente con lo que está leyendo al hacerse preguntas, interactuar con el contenido y aplicarlo a su vida. No aplicar lo que lee es algo muy fácil de hacer. Lee un libro sobre vivir sanamente, finanzas, negocios o lo que sea y, en lugar de aplicar las lecciones que aprendió, sencillamente sigue con el próximo libro.

No estamos diciendo que necesite reflexionar acerca de cada libro que lea por semanas, meses o años. Pero sí estamos diciendo que si tiene un problema particular que está intentando resolver, entonces en algún momento del tiempo tendrá que implementar de verdad lo que estuvo aprendiendo. Es un concepto simple, pero difícil en la práctica.

¿Qué aprendió del libro que estaba leyendo? Piense en las tres lecciones principales que le darán los mejores resultados en su situación y aplíquelas en su vida. Póngase una meta. Comparta esa meta con alguien más. Vea qué resultados obtiene por actuar de acuerdo con lo que leyó.

Ahora es su turno

Leer es divertido, entretenido y una actividad de ocio maravillosa. Pero si quiere aprender de los libros que lee, entonces debe estar listo para tener una conversación con el autor. Necesitará estar listo para hacer preguntas, revisar sus notas y actuar de acuerdo con lo que leyó. Este cambio en la manera en la que aborda la lectura lo ayudará a resolver sus problemas y a superar los obstáculos a los que se enfrente.

Ahora que ya sabe cómo interiorizar un libro en su sistema, hablemos de cómo puede incrementar su velocidad de lectura, leer más libros y aprender más de lo que pensó posible.

Lectura adicionales

Nosotros le debemos mucho de lo que hemos aprendido acerca de la comprensión y la retención lectora al libro clásico de Mortimer Adler y a Charles Van Doren: *Cómo leer un libro: una guía clásica para mejorar la lectura.*

CAPÍTULO 9

DUPLIQUE (O TRIPLIQUE) SU VELOCIDAD DE LECTURA EN MINUTOS

«Con un talento ordinario y una perseverancia extraordinaria todas las cosas son posibles».

—Thomas Fowell Buxton

Experimenté (Jesse) los sesenta minutos más provechosos de desarrollo profesional de mi vida en el 2005. Acababa de empezar mi maestría y la universidad ofrecía un curso de lectura rápida. Como me perdí del curso que se impartía durante el día, el instructor fue muy amable y se encontró conmigo individualmente para darme las lecciones, que tomaron alrededor de una hora.

Esta pequeña inversión de tiempo y la amabilidad de mi instructor me cambiaron la vida. Las lecciones que me compartió (que son similares a las que encontrará en este libro) revolucionaron mi habilidad para leer, estudiar y aprender. Me ayudaron a llevar a cabo investigaciones extensivas para tareas, a estar al día con las exigencias de la universidad mientras estaba trabajando y creando mi familia y a posicionarme para aprender habilidades y acceder a nuevos trabajos y oportunidades.

Aprender juega un papel esencial en su desarrollo profesional. Por supuesto, esto incluye aprender de la vida, de las instituciones educativas y de sus experiencias. Pero también incluye lo que aprende y aplica de los libros.

Detengámonos aquí por un momento.

Si usted pudiera aumentar su velocidad de lectura, piense en cuántos libros más podría leer, cuánto tiempo podría ahorrarse y cuántas más ideas y conceptos podría explorar. ¿Podría eso ayudarlo a avanzar en su carrera, a aprender nuevas habilidades o las dos cosas?

Nosotros creemos que sí.

Pero seamos honestos, intentar leer más libros puede ser frustrante.

Tenemos el trabajo, la familia y los libros grandes. Si se está sintiendo abrumado, no está solo. Como muchas personas, tiene una lista del largo de su brazo de los libros que quiere leer.

Por fortuna no tiene que ser como el personaje de John Travolta en *Fenómeno*, George Malley, que podía leer dos o tres libros al día después de, aparentemente, sobrevivir a un rayo que le cayó del cielo y que le confirió superinteligencia. Leer más rápido se trata más de aprender buenos hábitos de lectura y menos de haber nacido con dones especiales o sobrevivir a un rayo.

En este capítulo vamos a explorar las maneras prácticas con las que podrá duplicar o quizás incluso triplicar su velocidad de lectura. Pero antes de que podamos entrar en detalles, debemos hablar acerca de algunas concepciones erróneas asociadas con leer más rápido.

¿La lectura rápida es una farsa?

Hay muchos conceptos erróneos que rodean el concepto de la lectura rápida… y con toda la razón. Desde promesas absurdas hasta simples malentendidos, el agua es un poco turbia alrededor de este tema. Examinemos desde más cerca algunas de las caracterizaciones erróneas que puede tener sobre la lectura rápida.

«La lectura rápida no funciona»

Bueno, eso depende.

Si se refiere a las promesas de ser capaz de leer miles de palabras por minuto con una comprensión y retención perfectas, entonces sí, estamos de acuerdo con usted. Y también está de acuerdo la comunidad científica. Un estudio tras otro han demostrado que es una tarea titánica el leer más de seiscientas palabras por minuto (ppm) sin perder mucha comprensión.

Ahora, si está hablando de incrementar su velocidad de lectura hasta que sea más rápido que el estudiante universitario o adulto promedio, deténgase por un momento. De eso es de lo que estamos hablando.

Recuerde, el adulto promedio lee 238 ppm en libros de no ficción y 260 ppm en libros de ficción. Si esa es su velocidad de lectura, tiene suerte. Después de que desaprenda los malos hábitos de lectura, cree unos pocos buenos hábitos lectores y aplique unos pocos trucos, estará de camino a duplicar o triplicar su velocidad de lectura. Pero si ya se encuentra por encima de la velocidad promedio, a unas 350 o 450 ppm, aún puede aumentar su velocidad de lectura, pero no será de una forma tan significativa.

¿Cuál es la moraleja de la historia?

La lectura rápida funciona. Sólo depende de a qué tipo de lectura rápida se esté refiriendo.

«Los lectores lentos tienen mejor comprensión»

No exactamente.

Desde malos hábitos de lectura hasta discapacidades de aprendizaje, hay muchas razones por las que puede que no lea tan rápido como le gustaría o como puede. ¿Sabe qué más? Leer despacio no significa realmente que sea capaz de comprender mejor. Hasta donde podemos asegurarlo, no hay ninguna evidencia científica que respalde esa afirmación. Es más, los estudios demuestran que releer el mismo material o leer todo palabra por palabra no implica que usted vaya a comprender más que alguien que pueda leer más rápido o que sepa cómo escanear bien el contenido de los libros.

«Leer más rápido implica comprender menos»

Eso no se lo cree nadie.

Cuando aprenda buenos hábitos de lectura, su comprensión lectora mejorará también. Incluso cuando use las técnicas de lectura rápida de los capítulos nueve y diez, su habilidad para entender lo que lea mejorará porque también aprenderá maneras de retener lo que está leyendo.

Recuerde, los lectores lentos no son necesariamente los mejores lectores cuando se habla de comprensión. Concéntrese mejor en cuán rápido debería o no debería estar leyendo y esfuércese por leer bien a un ritmo cómodo para usted.

Con estos malentendidos lectores fuera del camino, nos prepararemos para ayudarlo a incrementar su velocidad de lectura. Pero primero deberá descubrir cuán rápido lee.

Cómo determinar su velocidad de lectura

Para progresar debe tener un punto de partida.

Cuando se trata de incrementar la velocidad a la que lee, debe saber primero cuán rápido puede leer. Sin este conocimiento básico no será capaz de progresar significativamente.

Antes de que lo ayudemos a descubrir su velocidad de lectura, déjenos recordarle que no debe obsesionarse con cuán rápido lee usted *versus* cuán rápido lee alguien más. Siempre será mejor comparar su velocidad de lectura hoy con qué tan rápido leyó ayer. Las velocidades de lectura promedio que ya mencionamos (238 ppm para no ficción y 260 ppm para ficción) pueden animarlo o desanimarlo. Pero espere, la ayuda va en camino.

En este punto es natural que se pregunte cuán rápido puede leer. Por fortuna puede descubrirlo en tan solo unos minutos. Aquí le presentaremos cuatro pasos que tendrá que dar para saber cuántas palabras por minuto (ppm) puede leer.

Paso uno: vaya por su material de lectura

Para este test querrá escoger el material de lectura que *normalmente* lee. Puede ser algo de una revista, un libro (de no ficción o ficción), una publicación de un blog, un periódico o cualquier otra cosa. La meta es usar algo que usualmente lee. De esa manera el test será lo más acertado posible.

Si normalmente lee el *Wall Street Journal*, entonces no querrá examinar su velocidad de lectura con *Jorge el Curioso*. De la misma manera, evite usar un diccionario o un material con fuentes y márgenes pequeñas o con muchas imágenes o gráficos.

Paso dos: prepare el temporizador y marque su punto de partida

Para este ejercicio leerá durante un minuto. Antes de empezar, prepare el temporizador para que se detenga después de ese tiempo. No importa qué tipo de temporizador use siempre y cuando pueda cronometrarse a usted mismo.

Antes de que inicie, no olvide marcar su punto de partida.

Paso tres: lea durante un minuto y marque el punto en donde se detuvo

Muy bien, es hora de leer. Active el temporizador y lea hasta que el tiempo se acabe. Mientras lee, recuerde estos tres tips:

- No mire el tiempo mientras lea.
- No intente leer más rápido de lo normal.
- Lea a su ritmo normal.

Seguir esos tres consejos evitará que manipule sus resultados.

Ahora, no olvide marcar el punto en donde se detuvo.

Paso cuatro: deténgase y cuente

Es hora de conocer sus resultados.

Una manera en la que puede hacer esto es contando cada palabra desde su punto de partida hasta su marca final.

Otra forma de saber cuál es su velocidad de lectura es hacer un promedio. Aquí le decimos cómo:

1. Cuente el número de palabras por línea de las primeras cuatro líneas que leyó.

2. Divida ese número entre cuatro.

3. Cuente el número de líneas que leyó en su prueba.

4. Multiplique el número del paso dos por el número del paso tres para obtener su velocidad de lectura promedio.

Por ejemplo, para esta prueba, digamos que lo que sea que escogió leer tenía un total de cuarenta y cuatro palabras en las primeras cuatro líneas de texto. Y digamos que leyó cuarenta y dos líneas en un minuto. Estos son los que serían sus resultados:

$$44 \div 4 = 11$$

$$11 \times 42 = 462 \text{ ppm}$$

Para este ejemplo, su velocidad de lectura sería de 462 ppm. Cuando esté midiendo su velocidad de lectura, lo mejor es que haga esta prueba de tres a cinco veces y saque un promedio de todos los resultados. Así se hará una buena idea de cuán rápido puede leer.

¿No está feliz con su velocidad?

No se preocupe si su velocidad de lectura no se compara bien con los promedios de antes o con cuán rápido le gustaría leer hoy en día. Aprender cómo leer más rápido no se trata de su punto de partida. Se trata de su meta. Y puede incrementar su velocidad de lectura a cualquier edad.

Cómo duplicar (o triplicar) su velocidad de lectura

Ahora es momento de aprender cómo podrá incrementar su velocidad de lectura potencialmente.

1. Prepare su ambiente de lectura

Su ambiente de lectura influenciará cuán bien puede leer. Tratar de leer en un "mal" ambiente será como intentar subir por unas escaleras eléctricas que van bajando. No llegará rápido a ningún lugar y lo más probable es que se tropiece y se caiga en el camino. Un mal ambiente puede incluir una cantidad de cosas, como malas sillas, iluminación deficiente y distracciones. Las distracciones vienen en todas las formas, colores y olores. Para Jesse, las distracciones (aunque a veces son buenas) a menudo se presentan con la forma de cinco hijos, un perro, dos gatos, un conejo, correos, redes sociales, notificaciones y una cantidad de mensajes instantáneos. Jeff no tiene niños corriendo a su alrededor, pero sí tres perros que piensan que necesitan atención constante. Hablando en serio, para nosotros (y probablemente para usted) el problema real son las notificaciones de los correos, de las redes sociales y demás. Si Jeff quiere leer con mucha concentración, es necesario que se ponga sus audífonos que cancelan el ruido.

Tener un lugar en el que se pueda concentrar es esencial para leer bien.

El ambiente ideal de lectura diferirá dependiendo de la persona. Pero, en general, querrá encontrar un espacio en donde pueda tanto concentrarse como estar cómodo. Puede ser un lugar de su casa, afuera o, para algunas personas raras, una cafetería.

Es más, considere escuchar música para ahogar los demás ruidos y concentrarse más en lo que está leyendo. Varios estudios sugieren que escuchar ciertos tipos de música puede ayudarlo a concentrarse[1]. Mientras que Jesse no siente que escuchar cualquier tipo de música sea útil, Jeff prefiere usar sus audífonos que cancelan el ruido para escuchar algo de música ambiental (es decir, solo instrumental y sin nada reconocible, sin letra).

¿Cuál es la idea? Que sepa qué lo ayuda y qué no lo ayuda a concentrarse y que cree un ambiente de lectura que lo inspire a concentrarse más.

2. Lea en bloques cortos de tiempo

Aunque su cerebro no es técnicamente un músculo, debería tratarlo como si lo fuera cuando está leyendo. Tal como su cuerpo se cansará físicamente por el ejercicio, su cerebro se sentirá mentalmente exhausto después de leer. Esa es la razón por la que debe leer en bloques cortos de tiempo.

Nosotros preferimos leer en bloques de veinte minutos. No ponemos un temporizador cuando lo hacemos, pero es un principio general que seguimos y nos funciona a nosotros. Usted puede ser capaz de leer por períodos más largos de tiempo o puede que considere empezar con un bloque más corto de tiempo, de unos cinco a diez minutos.

Sea cual sea el intervalo que escoja, recuerde esto: varios estudios han encontrado que es mejor leer en ráfagas cortas a altas velocidades para mantener su capacidad de comprender lo que lee[2]. Lea. Rete sus límites. Y vea qué bloque de tiempo le funciona a usted.

3. Guíe su lectura

Cuando le enseñaron cómo leer, existe una gran posibilidad de que todo haya empezado leyendo palabra por palabra en voz alta. «Caliente». «Gato». «Rojo». «Bola». A medida que progresaba su habilidad para leer, pasó entonces a leer para usted mismo, lo cual se llama subvocalización. Eso es bueno, pero puede reducir su velocidad de lectura. Esta es la razón: su velocidad de lectura puede ser mayor a su velocidad para hablar.

Antes de que se nos adelante, no estamos promocionando o prometiéndole la habilidad de eliminar su discurso interno (subvocalización). Muchos estudios han demostrado que es imposible y eso está bien. Sólo estamos sugiriendo que usted puede leer más rápido de lo que habla.

Para incrementar su velocidad de lectura no tiene que leer cada palabra. Leer es más acerca de entender las ideas detrás de las palabras y su contexto que las palabras mismas. Hasta cierto punto usted ya está haciendo eso. Por ejemplo, cuando ve una señal de «Pare», un «jajaja» o una exhibición que data del 150 a. C., no necesita leer los signos o las letras. Esto funciona porque conoce la idea que está detrás de las abreviaciones o símbolos.

Para limitar su subvocalización e impulsarse a usted mismo a leer frases y capturar ideas, hay una forma común de mejorar su velocidad de lectura: guiando su lectura. Dicho de otra forma, puede simplemente usar la mano o un dedo, un lápiz o un bolígrafo o lo que sea que escoja como un señalador para guiarse mientras lee.

Con un señalador en la mano, ubíquelo debajo de la primera palabra que vaya a leer. Ahora deslice el señalador por la página, de izquierda a derecha, a un ritmo que lo fuerce a leer más rápido sin perder la comprensión (recuerde, esté preparado para marcar los libros que lea). Este método de lectura lo ayudará a concentrarse, leer frases en lugar de palabras y progresar continuamente en lugar de releer y hacer pausas después de cada línea.

Al principio este método de lectura será incómodo, pero esta idea es esencial para mejorar su velocidad de lectura y, además, el siguiente método depende de este. Antes de continuar, dedique diez o quince minutos para practicar el método de guía. Escoja la clase de material que normalmente lee. De esa manera podrá comparar los resultados de leer con este método a su anterior velocidad de lectura.

4. El método del salto

El método del salto se basa en el método anterior de guiarse. Pero a diferencia del método de guiarse, en donde está moviendo el señalador en un movimiento continuo, con el método del salto usará su señalador para tocar, por debajo, la línea que está leyendo a un tercio de su longitud y luego a dos tercios. A medida que salta, siga su señalador. El primer salto (toque) lo llevará a leer las primeras palabras y el segundo salto (toque) hará que lea el resto de la línea.

Para practicar esta técnica considere empezar con tres o cinco saltos por línea y luego progrese a solo dos saltos si puede. Si las líneas del texto que está leyendo son largas, entonces puede que necesite usar de tres a cinco saltos, o más, para poder comprender todo el material.

Como un recordatorio, haga los saltos de una manera que lo rete a leer más rápido. Pero no pretenda moverse a una velocidad que sea imposible de mantener o que no le permita comprender lo que está leyendo. A medida que se rete a leer más rápido, dependerá menos de la subvocalización y de leer cada palabra (fijación).

Ahora es su turno

Al final del día sólo hay una manera principal en la que puede mejorar cómo lee: leyendo más libros. Aprender a leer más rápido depende en partes iguales de aprender cómo leer bien y de leer más. A medida que lea irá adquiriendo un vocabulario más robusto, entenderá mejor la estructura de la escritura y se transformará en un lector mejor y más rápido. No hay una forma más efectiva de leer más rápido y mejor que haciendo el trabajo mismo, es decir, leyendo.

Lecturas adicionales

Aumentar su velocidad de lectura requerirá de concentración y disciplina, y estos dos libros le darán consejos pertinentes al respecto:

- *Enfócate: consejos para alcanzar el éxito en un mundo disperso* de Cal Newport.
- *Lo único: la sencilla y sorprendente verdad que hay detrás del éxito* de Gary Keller y Jay Papasan.

CAPÍTULO 10

CÓMO "LEER" UN LIBRO DE 200 PÁGINAS EN UNA HORA

«No hay un déficit de recursos humanos,
el déficit radica en la voluntad humana».

—Martin Luther King Jr.

Mantenerse competitivo es todo un reto. Ya sea que esté compitiendo por un trabajo nuevo o liderando una empresa, estar un paso por delante y no dejar de ser relevante a menudo requiere de aprender algo nuevo. Incluso después de dominar las técnicas que le compartimos en este libro, puede que aún se sienta por detrás de los demás e incapaz de seguir avanzando con todos los libros que le gustaría leer. Pero no se estrese. Hay una forma en la que puede leer un libro en una hora.

Bueno, déjenos replantear eso: puede *leer rápido* un libro en una hora y *comprender* la información más esencial que necesite saber.

No es un truco de magia y tampoco le estamos prometiendo algo imposible. Hay una manera en la que puede leer rápido un libro y descubrir los puntos clave que necesita conocer.

Antes de que le enseñemos cómo hacerlo, nos gustaría señalar que esto es más que una opinión. La ciencia está de nuestro lado.

La ciencia dice que aplicar la lectura rápida a un libro no es sólo para perezosos

Leer rápido un libro no es sólo para aquellos de nosotros que olvidamos leer algo o que debemos avanzar rápido unas pocas páginas porque no hicimos un plan adecuado. Para nada. Los estudios demuestran que la lectura rápida tiene un par de beneficios científicos cuando se trata de leer una gran cantidad de material y de comprender lo que leemos.

De cierta forma, la lectura rápida es como saber a dónde va por adelantado y antes de salir en un viaje largo. Aplicar la lectura rápida le permite conocer a qué se enfrenta para saber qué esperar, lo cual naturalmente le facilita llegar a donde está yendo. De acuerdo con un estudio, los estudiantes de segundo año de la universidad que primero leyeron rápido sus lecturas asignadas aceleraron su velocidad de lectura normal en la mayoría de los casos[1]. Es como nuestro ejemplo de un viaje de carretera. Cuando se siente cómodo con sus indicaciones (o sabe qué va a leer), es capaz de llegar a su destino final más rápido.

En otro estudio, los investigadores descubrieron que quienes leían y aplicaban la lectura rápida fueron capaces de entender mejor los puntos principales del texto que estaban leyendo si se los comparaba con los "lectores normales"[2]. Es más, cuando se trataba de entender las cosas menos importantes, la información secundaria, no había ninguna diferencia en el desempeño de esos dos grupos.

Finalmente, en un estudio diferente, los investigadores encontraron que quienes estaban entrenados en la lectura rápida poseían una ventaja en cuanto a su velocidad de lectura y la comprensión si se los comparaba con quienes no estaban entrenados en lectura rápida[3]. En otras palabras, quienes tenían experiencia practicando la lectura rápida entendían mejor cómo leer con esta técnica y cómo interiorizar los conceptos esenciales.

Esto significa que usted puede aprender cómo aplicar la lectura rápida en grandes cantidades de material sin perder la capacidad de comprensión. Leer rápido es mucho más que saltarse aleatoriamente páginas de su libro. Hacerlo bien es todo un arte y una ciencia. Así que entremos a los detalles específicos.

Pero, primero, existe un lugar y un momento para aplicar la lectura rápida.

Cuándo no leer de esta manera

No todas las herramientas pueden servir para todos los trabajos. No es como si pudiera usar un martillo para cortar el césped o una sierra para colgar un cuadro en la sala. De la misma manera, las técnicas de lectura rápida no sirven para todas las ocasiones.

Aquí le presentamos tres ocasiones en las que no debería aplicar la lectura rápida.

1. Cuando lea algo que no le es familiar

¿Necesita aprender algo nuevo? ¿Tiene que leer algún libro o artículo y no está familiarizado con el tema? Entonces que no se le ocurra aplicar la lectura rápida.

Una parte muy importante de ser capaz de leer rápido es lograr comprender el material. Si necesita entender algo nuevo para la universidad o el trabajo, o está sumergiéndose en algo nuevo que quiere aprender, entonces prepárese para ir un poco más lento de lo normal al principio. No puede aprender con prisa vocabulario y conceptos nuevos.

2. Cuando lea por placer

Díganos locos, pero puede leer por diversión. Todo lo que lea no debe ser una tarea más que tachar de la lista. Puede escoger literatura clásica, una novela de misterio, algo de una lista de los más vendidos o lo que le llame la atención y leerlo para entretenerse.

Cuando lea por placer, relájese. Disfrute de lo que esté leyendo. Y no se preocupe ni se apresure a terminarlo. Eso sería como ver una película o una serie al doble o más de velocidad. No es divertido.

También aplica para leerles a los niños. Abra un buen libro. Léalo en voz alta. Y tómese su tiempo.

3. Cuando lea textos religiosos

El método de lectura de más adelante *no* sirve bien para textos religiosos. De hecho, les quita todo el sentido. Leer rápido se trata más acerca de conseguir un panorama general de alto nivel para llegar a un punto de comprensión máxima, mientras que leer un texto religioso se trata de transformar su vida… Hay una gran diferencia. Cuando esté leyendo la Biblia, por ejemplo, tómese su tiempo. No se preocupe si lee o no veinte capítulos hoy o si va a lograr leerla toda en un año. Ese no es el punto (a menos que la esté estudiando para una clase).

Cuándo debería leer de esta manera

Hay otros momentos en los que necesitará o querrá leer rápido un libro. Ya sea que esté estudiando muchísimo para una presentación, preparándose para un examen, escribiendo un artículo de investigación o una entrada de blog o esté buscando algunos datos y perspectivas, necesitará saber cómo devorarse un libro tan rápido como sea posible.

Sea cual sea la razón por la que quiere leer un libro velozmente, puede entender los puntos clave gracias a una pequeña porción de lo que lea. ¿Cómo? La no ficción buena está estructurada de una manera particular. Y cuando usted conoce esa estructura, puede entender las ideas con facilidad. Déjenos mostrarle de qué estamos hablando.

Un consejo importante que debe saber antes de leer rápido

Hay algo clave que debe saber antes de emplear este método: el patrón que siguen la mayoría de los libros de no ficción. Conocer este patrón es como desbloquear el código secreto para acelerar su lectura y su comprensión. Aquí está el formato típico de capítulo por capítulo:

- Introducción.
- Cuerpo.
- Conclusión.

Dicho de otra manera, en la no ficción buena, los autores le dirán en cada capítulo de qué le van a hablar (introducción), se lo contarán (cuerpo) y después le resumirán lo que le dijeron (conclusión). Veamos cada uno de estos elementos en detalle.

> **BRIAN WIELBIK, presidente regional en el First Community Bank Minooka/Channahon/Morris, sobre la vida lectora.**
>
> Michael Hyatt dice «lo que se programa, se hace». Yo programo mi momento para leer todos los días, antes de irme a la cama, entre las 9:30 y las 10:30. Escribo el nombre de lo que estoy leyendo, el total de páginas del libro, hasta qué página quiero leer esa noche y mi meta total de páginas por leer. Estoy leyendo *Esplendor y vileza* ahora y se ve así: 508-425-10. Hacerlo de esa forma me da una sensación de plenitud. Después de terminar el libro lo registro en Goodreads y escribo la información importante en una tarjeta.

Introducción

La introducción de un capítulo incluirá el punto clave que el autor quiera abordar. En una noticia mediática, son las líneas dulces y cortas que componen uno o dos párrafos cortos. En un libro, la introducción de cada capítulo puede ser más larga. En todo caso, en ambos escenarios el autor presenta la mayoría de la información más importante primero (lo que debe saber) con un gancho interesante para que las personas quieran leer más.

Cuerpo

Después de la introducción, los escritores de no ficción pasarán a explicar más en detalle lo que acaban de compartir. Eso puede incluir puntos adicionales, contexto y cualquier material relevante que necesiten para hacer entender sus ideas.

Aquí hay algo que debe saber: la primera frase de los párrafos dentro del cuerpo incluirá el punto principal que el autor quiere dejar claro. Después de esa primera frase, pasarán tiempo explicando su punto con historias, anécdotas y ejemplos. Con esto en mente, para la mayoría de los libros de no ficción le bastará con leer las primeras y últimas frases de un párrafo para descubrir el mensaje clave.

Conclusión

La conclusión reiterará el punto principal que el autor presentó en la introducción. Si la conclusión está bien escrita, el autor *no* presentará ideas nuevas. En cambio, lo dejará con el suspenso suficiente para convencerlo de pasar la página hacia el siguiente capítulo o escribirá una afirmación poderosa para cerrar el tema del que estaba hablando.

Ahora veamos cómo puede usar esta información para leer rápido un libro y entender los detalles más importantes.

Tres pasos para leer un libro de 220 páginas en una hora

Es hora de poner manos a la obra[4]. Este proceso de tres pasos lo armará con las herramientas que necesita para leer rápido un libro mientras al mismo tiempo se apropia de la información esencial que necesita conocer.

1. Entienda el panorama general del libro

Empezar un libro nuevo es un gran compromiso.

Leer un libro puede tomarle varias horas y, cuando no está familiarizado con él, ni siquiera está seguro de si leerlo valdrá la pena o qué debería aprender de él. Pero puede revelar los misterios desconocidos de un libro entendiendo su panorama general. Y aquí le contamos cómo hacerlo.

Para entender el panorama general de cualquier libro de no ficción, lea la descripción del libro, cualquier cosa que esté escrita en las solapas y la introducción si está disponible. Las descripciones de los libros y/o la información de las solapas, si están bien escritas, le dirán en menos de cien palabras sobre qué es el libro, los beneficios que obtendrá al leerlo y le presentarán un gancho que lo motivará a comprarlo.

Es más, las introducciones lo dejarán echarle un vistazo a la motivación del autor para escribir el libro y cuáles fueron sus metas al hacerlo. Esta mirada al detrás de escenas le permitirá saber qué esperar del libro.

Finalmente, lea la tabla de contenidos. ¿Cómo está dividido el libro?

¿Tiene agradecimientos y epílogo? ¿Los títulos de los capítulos expresan con claridad los temas que se desarrollarán? Leer la tabla de contenidos puede dejarle ver el panorama al que se enfrentará.

Después de leer ese material tendrá una noción general sobre el libro y sabrá qué esperar de él.

2. Divida los capítulos en bloques de tiempo

Marcar su propio ritmo para leer es esencial para aplicar la lectura rápida y terminar un libro en una hora.

Por el bien de este ejercicio, mire el número de capítulos del libro (sin incluir los agradecimientos). Para leer rápido un libro en una hora, ¿cuánto tiempo puede dedicarle a cada capítulo? Por ejemplo, si el libro que está leyendo tiene diez capítulos, puede dedicarle seis minutos a cada capítulo.

Detengámonos aquí un momento.

Si se salta este paso, entonces terminará pasando cuarenta y cinco minutos revisando unos pocos capítulos y luego tendrá que apresurar el resto del libro. El resultado: un entendimiento poco balanceado del libro. Marcar un ritmo elimina ese problema. Le permite prestarle a cada tema esencial la atención que requiere.

3. Lea rápido con propósito

«¿Cómo demonios voy a leer un capítulo entero en seis minutos?».

Esa es una buena pregunta. En pocas palabras, no será capaz de *leer* un capítulo así de rápido. No obstante, aplicar las técnicas de lectura rápida en esa cantidad de tiempo es más que posible.

Recuerde, la literatura de no ficción sigue una estructura específica, la cual permite que la lectura rápida funcione. Podrá extraer la información más esencial al enfocarse en partes específicas de un libro.

Para leer un capítulo en seis minutos o menos, lo que necesitará leer será lo siguiente:

- La introducción.
- Los títulos y subtítulos.

- La primera y la última frase de cada párrafo.
- La conclusión.

Aplicar la lectura rápida de esta manera lo ayudará a entender las ideas principales de cada capítulo. Si al final le sobra tiempo, siéntase libre de leer material adicional de ese capítulo o de seguir con el próximo.

Ahora es su turno

Escúchenos con claridad: no lea todos los libros de esta manera.

Cada que vaya a empezar un libro nuevo, determine desde antes qué metas quiere alcanzar al leerlo. Luego planee su manera de leer de acuerdo con eso. De esa forma podrá comprender más en menos tiempo y almacenar solo las ideas esenciales y vitales en su cerebro.

Lecturas adicionales

Pensar rápido, pensar despacio, el libro adictivo de Daniel Kahneman, presenta un análisis útil sobre cómo piensan y cómo forman pensamientos nuestros cerebros, lo cual les da más contexto a las lecciones que le compartimos, tanto aquí como en el capítulo anterior, sobre incrementar su velocidad de lectura.

CAPÍTULO 11

CÓMO CREAR UN HÁBITO DE LECTURA FIRME

«No podemos convertirnos en quien necesitamos
ser si nos quedamos como somos».

—Oprah Winfrey

Chandler Bolt era un estudiante promedio de Literatura y dejó la universidad. No era poco común para él estar en las clases de honor, excepto en Literatura por su odio (en sus palabras) hacia la cantidad de lectura y escritura que requería esa clase.

Sin embargo, cuando dejó la universidad, decidió tomar lo que él llama «la aproximación de alguien que dejó la universidad al aprendizaje». Ya no leería lo que le asignaban y lo que eventualmente le calificarían. En lugar de eso, asumiría la responsabilidad de aprender por sus propios medios.

A pesar de que ya no estaba yendo a la universidad, Chandler dijo: «viví mi vida como si aún estuviera en la universidad. Me iba a perder los siguientes dos años de clases, así que necesitaba convertir el aprendizaje en una meta de mi vida». ¿Cómo se iba a ver eso? Él pensó que necesitaría un mentor, pero ¿cómo podría encontrar a uno? «Las personas más inteligentes y exitosas del planeta han plasmado todos sus mejores aprendizajes en un libro», ese fue su razonamiento. «Y por 15 dólares y unas pocas horas de su tiempo, pude aprender de ellos».

Incluso alguien que ha dejado la universidad puede permitirse lo que Chandler denominó «el mentor de 15 dólares».

Aunque Chandler no conectó con el modelo tradicional de la universidad y los libros que era necesario leer para los trabajos, *sí* conectó con otros libros, unos que le despertaron su curiosidad e interés. Resulta que, después de todo, él no odiaba leer. Lo que pasaba era que no le gustaba leer sobre temas que no le interesaban.

Hoy en día Chandler está logrando leer un libro a la semana. ¡Ah! y también ha escrito unos cuantos propios. Su éxito en ese sentido lo llevó a fundar una compañía de educación en línea que se esfuerza por enseñarles a las personas cómo escribir, cómo vender y cómo publicar su primer libro.

Como Chandler, usted tampoco está destinado a ser un no lector. Puede tener una discapacidad de aprendizaje. Pueden haberle costado trabajo las clases de Literatura en la universidad. O puede estarse aferrando a varias excusas para no tomar un libro. Sea lo que sea que haya influenciado su habilidad o su opinión sobre leer, eso no implica que jamás pueda crear el hábito de leer.

No permita que sus dificultades con la lectura o sus limitaciones autoimpuestas lo encierren en una celda con su miedo. Si quiere leer, entonces lea. Tener un cierto nivel de inteligencia, habilidad para aprender o experiencias lectoras pasadas no son prerrequisitos para leer. Muchos lectores y líderes exitosos no se convirtieron en lectores voraces sino hasta bien avanzadas sus vidas.

Nadie lo está deteniendo. No tiene que esperar a que un ángel llegue a bendecirlo con una gran velocidad de lectura o un deseo incontrolable de leer. Y no existe una experiencia pasada tan poderosa como la oportunidad que tiene hoy de leer y convertirse en el hombre o la mujer que quiere ser. Pero antes de que se embarque en este nuevo viaje, hay un paso que debe dar primero.

Elimine los obstáculos que le impiden leer

¿Qué lo ha alejado o lo está alejando de la lectura? Tómese el tiempo de identificar aquello que le está impidiendo leer.

¿Tiene una discapacidad de aprendizaje? ¿Se siente paralizado por una creencia limitante? ¿O ha escuchado las mentiras que le dicen sus excusas desde hace años? Sea lo que sea, exponga cuáles son los obstáculos que le impiden leer, enfréntelos, busque ayuda y haga lo que sea necesario para crear un hábito de lectura.

A medida que identifique los obstáculos que le impiden leer, será capaz de superarlos.

Ahora es el momento de trabajar en crear su hábito de lectura.

Las bases de la construcción de hábitos

Para bien o para mal, sus hábitos son la influencia más poderosa de su vida. Lo llevarán a convertirse en un mejor (o peor) líder, persona, amigo, hijo, padre, esposo, empleado o lector. De muchas maneras, son los que forman el camino de la vida que usted vive. De acuerdo con unos estudios, los hábitos ocupan el 40% de sus actividades diarias[1]. Esto significa que casi la mitad de lo que hace cada día es habitual. Dicho de otra manera, vive la mitad de su día en piloto automático y hace lo que hace sólo por hábito. Will Durant fue muy preciso cuando dijo: «somos lo que hacemos repetidamente. Entonces, la excelencia no es un acto, sino un hábito»[2].

Prestándole atención al consejo de Durant, concéntrese en crear un hábito de lectura y no en cuántos libros quiere leer en el año. Cuando desarrolle un hábito de lectura, una rutina que siga con compromiso cada día o cada semana, entonces el número de libros que leerá no será más un problema para usted.

Para crear un hábito de lectura firme, seguiremos el proceso propuesto por James Clear en *Hábitos atómicos*[3].

Cada hábito sigue cuatro pasos fundamentales: señal, anhelo, respuesta y recompensa. Veamos estos pasos en detalle. Primero, una *señal* sirve como un indicación que desencadena una respuesta específica. Las señales pueden estar atadas a un tiempo, locación, notificación, mensaje de texto, miembro de la familia, amigo o colega específico. Segundo, los *anhelos* son la fuerza motora que impulsa sus hábitos, su motivación. Tercero, la etapa de *respuesta* de un hábito es la acción misma. Finalmente, la *recompensa* es la promesa cumplida por la respuesta. Sin importar si tiene buenos o malos hábitos, todos siguen este patrón.

Hablando de forma práctica, las señales están viendo la recompensa que percibe, los anhelos están deseando la recompensa y la respuesta se centra en obtener la recompensa. Para ver esto en la práctica, observemos un hábito que comparten la gran mayoría de los adultos en los Estados Unidos: responder a un mensaje o a una notificación. Cuando usted recibe una alerta en su teléfono (por ejemplo, una vibración o un sonido), ha percibido una señal. Después de recibir esta señal, en general, va a empezar a anhelar el mensaje. Al sentir esa motivación, responde tomando su teléfono y leyendo el mensaje que recibió. Al final se recompensa a sí mismo (satisface su anhelo) leyendo el mensaje y, en consecuencia, la acción de tomar su teléfono termina asociada a la alerta de su dispositivo.

Para crear un buen hábito (en este caso, un hábito de lectura), James Clear se basa en estos cimientos y sugiere este proceso:

- Paso uno: hágalo obvio (señal).

- Paso dos: hágalo atractivo (anhelo).

- Paso tres: hágalo fácil (respuesta).

- Paso cuatro: hágalo satisfactorio (recompensa).

Cuando aplique estos consejos para leer, considere algunas cosas. Para las señales, dos opciones comunes son el tiempo y la locación. ¿Existe un momento particular del día que pueda tomar como una señal? ¿Y qué hay de una locación? ¿Tiene un lugar favorito en su casa, su oficina o un tercer espacio, como una cafetería, que le funcione bien como una señal? Sea cual sea la señal que escoja, defínala claramente para que su mente no tenga duda alguna de lo que es.

En cuanto al anhelo, ¿cuál es la recompensa que desea? ¿Es reducir el estrés? ¿Qué hay de dormir mejor? ¿O desea convertirse en un mejor lector y líder? Hay un montón de formas en las que puede convertir su anhelo en algo atractivo. Pero también permítanos sugerirle que intente anhelar el acto de leer en sí mismo. Al principio, si no ha leído en un tiempo, puede que no disfrute de la lectura. Pero con el tiempo leer se volverá algo que aprenderá a amar y a disfrutar. Cuando eso suceda, leer se convertirá en su propia recompensa.

Finalmente, haga que la lectura sea tan fácil como sea posible. Le hemos compartido muchas ideas y consejos a lo largo de este libro. Pero hay una que vale la pena repetir aquí: tenga acceso a un libro en todo momento. De esa manera, cuando reciba una señal y anhele una recompensa será capaz de satisfacer su motivación con cualquier libro que lea. Siga los pasos que le presentamos en el capítulo siete para crear un plan de lectura. Sepa qué libros leerá la próxima semana o el mes siguiente y asegúrese de comprarlos o pedirlos prestados con tiempo. Crear un plan de lectura lo mantendrá organizado y concentrado y hará que sea más fácil para usted formar un hábito de lectura.

Con esto en mente, entremos en los detalles esenciales del asunto.

Cree un rastreador de hábitos fácil de usar

Crear un hábito de lectura es una maratón, no una carrera de velocidad. De acuerdo con un estudio publicado en el *European Journal of Social Psychology*, el tiempo medio que le tomó a los participantes crear un hábito fue de treinta y seis días[4]. A unos participantes les tomó dieciocho días formar un nuevo hábito, mientras que a otros participantes les tomó más de doscientos días. No pretendemos desanimarlo con estas noticias. En lugar de eso, queremos asegurarnos de que sabe en qué se está metiendo para que se prepare para el éxito desde ya.

Necesitará una herramienta clave en su camino para desarrollar un hábito de lectura: un rastreador de hábitos. Es sencillamente una forma en la que puede rastrear su progreso. De esta manera sabrá si está, o no, de camino a crear un nuevo hábito lector.

¿Sabe por qué?

Rastrear su progreso funciona.

De acuerdo con un estudio sobre la pérdida de peso, los participantes que rastreaban lo que comían a diario perdieron más del doble de peso si se los comparaba con aquellos que no actualizaron un diario de comida[5]. Las bondades asociadas con mantener un registro de lo que hace no acaban allí. Un estudio reciente de la Asociación Estadounidense de Psicología descubrió que las personas que rastrean su progreso con una meta en mente tienen más posibilidades de tener éxito[6].

¿Cuál es la moraleja de la historia?

Rastrear cuán a menudo lee lo ayudará a tener éxito. Recuerde, formar un hábito no sucederá de la noche a la mañana. Necesita prepararse para un trabajo largo. Y una manera de hacer eso es usar un rastreador, el cual sirve como un mapa proverbial para que afine su rumbo.

No cree un rastreador de hábitos complicado. En primer lugar, empiece con el calendario que ya usa para registrar sus tareas diarias, semanales o mensuales. En este calendario, añada los días en los que va a leer. Por ejemplo, si quiere leer de lunes a viernes, añádalo a su calendario. Y marque la tarea como completada una vez que haya leído. ¡Eso es todo!

Si no usa un calendario, no se preocupe. Todo lo que necesita es un pedazo de papel, un calendario en línea o un diario físico para registrar qué tan a menudo lee. Sea cual sea la opción que escoja, no se complique. No querrá desandar todos sus esfuerzos por leer al quedarse estancado pensando en cómo va a rastrear lo que lee.

Con su rastreador de hábitos en la mano, ahora es momento de añadir cuánto leerá a lo largo del mes.

Empiece poco a poco… muy poco a poco

La clave para instaurar un nuevo hábito de lectura es empezar poco a poco e ir progresando. Su habilidad para hacer algo, su voluntad, es como un músculo. Se puede cansar durante el día (¿alguien come descontroladamente por la noche?). Puede hacerse más fuerte y también puede debilitarse cuando no se usa.

Cuando se trata de leer, si usted no lee o no lee tan a menudo actualmente, no se preocupe por crear un plan para leer cincuenta, setenta y cinco o más de cien libros al año. Al principio será mejor que se centre en leer unas pocas páginas o por un período definido de tiempo. Dicho de otra manera, cuando se centre en el proceso de leer (leer páginas específicas o por un período específico de tiempo), no tendrá que preocuparse por el número de libros que lea.

Eso fue lo que yo (Jeff) aprendí por casualidad. Hoy en día leo docenas de libros al año, pero ese no siempre fue mi caso, puedo asegurárselo. Recuerde, pasé doce años sin leer un solo libro.

Incluso después de que mi amor por la lectura renació con la ayuda de un club de lectura, leer aunque fuera un libro al mes me parecía un gran logro. Y ese fue el *quid* de la cuestión. ¡Ese! Tuve que progresar lentamente, leyendo un libro por mes, luego dos, tres y eventualmente cuatro o más, dependiendo del tamaño de los libros y mi cronograma.

Esta es una de las razones por las que le sugerimos empezar con una meta pequeña de lectura. Haga que su meta sea tan fácil de cumplir que sea casi imposible decirle que no. En lugar de empezar con cincuenta páginas al día, empiece con unas cinco páginas. No se preocupe por leer treinta minutos todos los días. Empiece con cinco.

Aquí tiene otra manera de crear un pequeño hábito de lectura.

Digamos que quiere leer un libro de doscientas páginas en un mes. Si, por ejemplo, sabe que será capaz de comprometerse a leer en veinte días de ese mes, las matemáticas simples le dirán que solo necesitará leer diez páginas al día para cumplir su meta. Eso es completamente posible, ¿no es así?

Recuerde, su meta es formar un hábito firme. Al empezar con una meta pequeña, hará que sea más fácil para usted leer y, con el tiempo, formará un hábito de lectura que le durará para toda la vida.

Esa es una de las razones por las que yo (Jeff) he llegado a amar la práctica que planteó el doctor B. J. Fogg en su libro *Hábitos mínimos*[7]. Para formar un nuevo hábito, el doctor Fogg recomienda desglosar el hábito deseado en los pasos más pequeños posibles. Cuando se trata de crear un hábito de lectura, esto puede significar leer una frase, un párrafo o una página cada vez.

Para reforzar este nuevo comportamiento, añada un momento de celebración después (un "choca esos cinco" en el aire o un puño al aire al más puro estilo de Tiger Woods, por ejemplo). Celebrar lo que hace tiene una forma de convencer a su cerebro de que valdrá la pena repetir esa acción (lo que acaba de leer). Es casi como usar un truco mental *jedi* en sí mismo.

Cuando celebre, hágalo con sinceridad y exuberancia, tal como lo haría naturalmente para cualquier otro logro. Al principio se sentirá cursi y esto está bien. Le está diciendo a su cerebro que lo que hizo (leer) es algo que lo hace sentir bien.

No se estrese pensando en empezar su nuevo hábito de lectura desde ceros.

Identifique una cosa (hábito) que haga cada día y que pueda aprovechar para impulsarse a leer. Eso es lo que el doctor Fogg llama un "ancla" y a lo que James Clear se refiere como «acumulación de hábitos». Por ejemplo, ¿es usted un bebedor de café que nunca se salta su taza de por la mañana? Genial, use ese hábito como un ancla para leer. Puede ser algo como esto: «después de poner la máquina de café (ancla), leeré una página (nuevo hábito). Cuando haya acabado, elevaré el puño en el aire (celebración)».

Cuando esté comenzando con un nuevo hábito, está bien si en alguna ocasión no lee. Vuelva a intentarlo al día siguiente. Lo mejor es que nunca se salte el hábito dos días seguidos. Pero, si lo hace, no piense que todos sus esfuerzos han sido en vano. Sólo inténtelo de nuevo.

Hay una cosa más que nos gustaría señalar: si su meta original, como leer cinco páginas al día, no está sucediendo, no tema revisar sus planes. Quizás necesita reducir su meta a leer una página o un minuto al día. Está bien adaptar sus planes.

Recuerde, las cosas más grandes empezaron siendo pequeñas. No importa cuán poco lea al principio. Lo que importa es que lea de manera consistente para que cree un hábito lector. Además, puede incrementar cuánto y qué tan a menudo lee más adelante, cuando esté listo.

Hablando en términos prácticos, decida si va a leer a diario o ciertos días de la semana. Descifre ya sea cuántas páginas quiere leer o por cuánto tiempo va a mantener la nariz entre un libro los días que lea. Añada esa tarea a su calendario y a su rastreador de hábitos, pues así estará un paso más cerca de crear un hábito de lectura.

Ríndale cuentas a alguien o comparta su progreso públicamente

No crea que está solo al momento de empezar a crear un nuevo hábito. No hay ningún principio universal que diga que debe actuar como el Llanero Solitario. En realidad es buena idea que se rinda cuentas a sí mismo y a alguien más, de esa manera se animará y tendrá apoyo a lo largo del camino.

De acuerdo con un buen número de encuestas, rendirle cuentas a alguien más es uno de los factores principales que lo ayudarán a cumplir sus metas. Escoja a alguien que lo anime, que lo rete y que lo devuelva al camino cuando se desvíe.

Rendirle cuentas a alguien es más que enviarle mensajes pidiendo ayuda. Implica compartir sus metas con alguien, darle permiso de que le recuerde sus encuentros y aceptar cierto tipo de cronograma para darle reportes de su progreso. Cuando hace eso, se está ubicando en una mejor posición para superar cualquier obstáculo que pueda aparecer en su trayecto a formar un nuevo hábito. De alguna manera, las personas que lo rodean le servirán como una fuerza gravitacional que lo impulsará hacia su éxito.

Encuentre a alguien que esté dispuesto a apoyarlo, como un amigo, un familiar, un colega de trabajo o su pareja. Comparta su plan de lectura con ellos y cuénteles qué pasos va a dar. Infórmeles cuán a menudo planea leer. De esta forma ambas partes tendrán claridad sobre lo que se espera. Es más, será mejor si esa persona lee también. Aliarse con alguien que también sea lector lo ayudará mucho a cumplir sus metas.

Además de tener un confidente personal a quien rendirle cuentas, considere compartir sus metas públicamente, incluyendo las redes sociales. Para ser honestos, nosotros no hemos sido muy transparentes con nuestras metas de lectura en redes sociales. Pero de acuerdo con diferentes estudios sobre la pérdida de peso, compartir de forma pública sus metas puede incrementar su progreso[8]. Los investigadores han descubierto que los participantes de un programa de pérdida de peso que compartieron su progreso y lo publicaron en redes sociales perdieron más peso en comparación con aquellos que se reservaban el progreso que hacían para ellos mismos. Compartir cuánto va a leer y qué está leyendo puede impulsar su progreso para crear un hábito de lectura.

Construir un nuevo hábito de lectura es retador, pero no es necesario que lo haga solo. Antes de que se enfrente a algún obstáculo o que se desanime en el proceso, comprométase a encontrar a alguien a quien rendirle cuentas o a compartir públicamente su progreso. Al hacerlo, se rodeará con el apoyo adicional que necesitará para cumplir sus metas.

> **AL COMEAUX, autor de *Change (the) Management*, sobre la vida lectora.**

Estaba trabajando en Travelocity cuando leí un libro nuevo llamado *Empresas que sobresalen* de Jim Collins. Empecé a preguntarme, junto con otros, cuál era nuestro "concepto del puercoespín". ¿En qué podemos ser los mejores del mundo? Gracias a ese y a otros libros que le siguieron, la idea de darles garantías a los clientes de Travelocity nació. Ahora, quince años, dos dueños y una cantidad desconocida de directores después, la garantía aún se mantiene como el diferenciador de Travelocity en el mercado… como su concepto puercoespín.

Por qué nunca debería suspender su hábito de leer

Cuando lancé (Jeff) el pódcast de *Read to Lead* por primera vez en julio del 2013, me imaginé a mi oyente como alguien que se encontraba, en lo relativo a su carrera, en el mismo lugar que estaba yo diez años atrás: con un trabajo y vida decentes, pero sin algo maravilloso que valiera la pena contar. A través de mi pódcast los convencería de cuán rápido podrían expandir su influencia y potenciar su carrera usando el mismo proceso simple que yo había utilizado: la lectura intencional y consistente.

Esta es una descripción acertada de muchos de mis oyentes en esos primeros días. A medida que empecé a ofrecer programas que iban más allá del pódcast, como asesorías personales, grupos de ideas y clubes de lectura, empecé a notar una tendencia. Las personas que estaba atrayendo a esos programas a través de mi pódcast no eran solo personas que estaban empezando sus carreras y querían mejorar. Eran personas que, a los ojos de muchos, *ya podían* considerarse exitosas: presidentes, directivos, pastores, emprendedores, líderes de organizaciones sin ánimo de lucro y miembros de juntas directivas. En otras palabras, eran personas que no sólo reconocían la importancia de leer como parte de su plan *para* alcanzar el éxito, sino que también se daban cuenta de que leer era algo crucial que los ayudaría a *mantenerse* en ese camino.

Una de mis autoridades favoritas en el liderazgo, John Maxwell, dice: «los líderes se desvían con mucha frecuencia. Una vez que han acumulado algo de experiencia y una lista de éxitos, a menudo abandonan el estilo de vida que los ayudó a llegar a la cima»[9]. Mi pódcast les estaba llegando, y aparentemente les estaba hablando, a clases de líderes que eran suficientemente conscientes como para saber que no podían permitirse ningún desvío. No podían dormirse en los laureles. Debían permanecer enfocados.

Eso es verdad para todos nosotros.

Necesitamos permanecer enfocados. Nunca habrá un momento en el que "lleguemos". Nunca llegaremos a un punto de la vida en el que sepamos todo, tengamos todas las respuestas o no necesitemos escuchar diferentes perspectivas. Leer juega un papel fundamental en nuestra capacidad para mantenernos enfocados.

Crecer profesionalmente es un proceso continuo. Tan pronto como se convenza de que no necesita leer, aprender o crecer, no hará nada de eso. Es más, sus habilidades cognitivas disminuirán a medida que se haga más viejo si no lee.

Ahora es su turno

Cuando se salte un día de lectura, no se rinda. Retome el libro en donde lo dejó. Volver a enfocarse y tomar el libro para leerlo es lo que diferencia a los lectores que serán para siempre de todos los demás. Ellos no se quedan estancados pensando en cuánto leyeron o no leyeron. Sólo siguen adelante, expresando su amor por la palabra escrita y por los libros.

Lecturas adicionales

Indague más sobre cómo crear hábitos que le cambiarán la vida leyendo lo siguiente:

- *Hábitos atómicos: un método sencillo y comprobado para desarrollar buenos hábitos y eliminar los malos* de James Clear.
- *El poder de los hábitos: por qué hacemos lo que hacemos en la vida y en la empresa* de Charles Duhigg.
- *Hábitos mínimos: pequeños cambios que lo transforman todo* de B. J. Fogg.

CAPÍTULO 12

LA CLAVE PARA (CASI) DOMINAR CUALQUIER TEMA

«Cuando le vende un libro a un hombre no le está vendiendo doce onzas de papel, tinta y pegamento, le está vendiendo una vida nueva».

—Christopher Morley

Durante la mayoría de mi carrera trabajé (Jeff) en la radio en vivo. Cada vez que encendía el micrófono les estaba hablando a miles de personas, así que cualquiera pensaría que me sentiría cómodo hablando en público, ¿verdad? Bueno, esa no es la realidad.

Aunque he hablado en salones llenos de cientos de personas (o miles en los últimos años), hubo una época en la que me aterraba dar presentaciones en público. Es una cosa estar en la radio, escondiéndose detrás de un micrófono y sabiendo que las personas sólo pueden escucharlo, no verlo, pero es un juego completamente diferente, al menos para mí, estar en un escenario frente a muchas personas.

Entonces, ¿cómo logré cambiar eso? Identifiqué mi problema, desmitifiqué el proceso y trabajé para mejorar mis presentaciones en público. Déjeme explicárselo.

Una vez que tomé la decisión de que hablar en público era una habilidad que quería y necesitaba desbloquear, supe que los libros tenían la clave. Empecé con títulos sobre el diseño de las presentaciones. *Presentación zen* de Garr Reynolds y *Slide:ology* de Nancy Duarte fueron dos de mis primeras lecturas. Si tuviera que hacerlo de nuevo, quizás no empezaría centrándome en el diseño, sino más bien en la estructura y la presentación misma. Aun así, estos libros específicos me ayudaron a ganar confianza. Me di cuenta de que cuando me sentía bien con mis diapositivas y sabía que había ilustrado mis ideas de una manera atractiva, me sentía mucho menos nervioso en la tarima.

Mi deseo de aprender más acerca de este arte nació por el éxito que estaba teniendo en otras áreas de mi trabajo, el cual fue posible en su mayoría gracias a que estaba leyendo libros sobre liderazgo, *marketing* y la experiencia del consumidor. Cada vez me invitaban más y más a compartir mis pensamientos, mis experimentos y mis descubrimientos.

Más adelante, cuando hice la transición a trabajar en mí mismo, leí *Steal the Show* de Michael Port, *Secrets of Dynamic Communications* de Ken Davis, *Fearless Speaking* de Gary Genard, *Hable como en TED* de Carmine Gallo, *Resonancia* de Nancy Duarte, *The Successful Speaker* de Grant Baldwin y Jeff Goins, *The Compelling Communicator* de Tim Pollard, *Mastering the Art of Public Speaking* de Michael J. Gelb y otros. Cada uno de estos libros me ayudó a perfeccionar habilidades específicas dentro del ámbito de hablar en público.

En el 2018, después de dar una charla en un salón de unos 450 autores (un grupo de creadores que habían tenido una influencia significativa en mi carrera y en mí mismo), recibí mi primera ovación de pie. Le comparto esto para ayudarlo a entender cuán lejos he llegado. Si yo puedo pasar de terrible a tolerable y eventualmente incluso a magnífico (al menos a los ojos de algunos) en un área de mi vida, entonces usted también puede hacerlo... con casi cualquier habilidad que desee dominar.

Mejorar profesionalmente no es algo que deba tomar por sentado. Y tampoco es algo que pueda dejar en la parte de atrás de su mente para siempre. Debe esforzarse por aprender nuevas habilidades, entender nuevas perspectivas e impulsar sus fortalezas.

Le contamos por qué.

Es muy fácil quedarse atrás

La complacencia y el *statu quo* puede solidificarse como cemento de secado lento. Antes de que se dé cuenta, estará atrapado, no podrá moverse y su única opción será aceptar cualquier ayuda que le ofrezcan. No importa si está en sus veintes, treintas, cuarentas o incluso a punto de retirarse. Esto le puede pasar a cualquiera. Verá, el mundo en el que vivimos está cambiando a pasos acelerados. Los negocios van y vienen. Los cambios de carrera son comunes. Y usted está compitiendo con un número incontable de personas en el mercado laboral.

No puede quedarse quieto.

Tiene que concentrarse en progresar y siempre ir hacia adelante.

Debe continuar proponiéndose nuevas metas, aprendiendo nuevas habilidades y acumulando sabiduría.

Si no actúa, entonces sus pares y competidores lo dejarán atrás. En las palabras de Lou Holtz, un entrenador que hace parte del Salón de la Fama del Fútbol Americano Universitario, «en este mundo se crece o se muere, así que muévase y crezca»[1]. Esto es más que un discurso cualquiera de un entrenador mediocre. Sus palabras tienen mucho peso.

Como lo señalamos en el capítulo uno, la duración promedio de un empleo es de 4,6 años y la expectativa de vida de una compañía en el S&P 500 es de apenas quince años. Viendo que ni los períodos de empleo ni las empresas duran por mucho tiempo, si no va tres pasos por delante del mundo, su tiempo se está acabando o la rentabilidad de su compañía pronto se terminará.

Y eso no es todo.

De acuerdo con un estudio del Pew Research Center, el 74% de los adultos en los Estados Unidos se identificaron como aprendices personales, lo que quiere decir que en el último año han leído un libro, tomado un curso o atendido a una reunión o evento para aprender más[2]. Como mínimo, esto quiere decir que si usted no está haciendo lo mismo, entonces eventualmente lo superarán otras personas.

Actuar de acuerdo con lo que le compartimos en este libro lo ayudará a mantenerse alerta. Pero si quiere acelerar su crecimiento, entonces quédese aquí un poco más. Pronto lo guiaremos a través de un proceso que le permitirá (casi) dominar cualquier tema, adquirir nuevas habilidades y crear nuevas oportunidades.

Conozca su "porqué"

Primero que todo, aclare su propósito y sus metas. Tener interés por estudiar un tema no es suficiente. Debe poseer una razón poderosa, un *porqué*, para impulsar su trabajo. Moverse hacia adelante con este plan de estudio sin un propósito es como iniciar un viaje de carretera sin tener un destino… merodeará sin rumbo por todas partes y nunca alcanzará la meta que se propuso.

¿Por qué quiere estudiar un tema?

¿Cuál es su propósito?

Es fácil confundir su propósito con sus metas. Pero la respuesta a esta pregunta (su porqué) es la razón que hay detrás de lo que quiere lograr. Es lo que soporta lo que usted quiere hacer. Por ejemplo, aprender a hacer algo nuevo, convertirse en un mejor gerente y mejorar sus habilidades de comunicación son lo que quiere lograr. Esas son sus metas. Pero responder por qué quiere cumplir esas metas lo impulsará a de verdad cumplirlas.

¿No está seguro de por qué quiere hacer algo?

Siga preguntándoselo hasta que llegue a la raíz de sus metas. Puede que necesite preguntárselo dos o cinco veces más. Siga haciéndose esa misma pregunta hasta que sea capaz de identificar cuál es el corazón de su propósito.

Céntrese en un tema

Escoja un tema que le gustaría dominar.

Sea cual sea el tema que escoja, concentre sus lecturas en conocerlo de adentro hacia afuera. Asegúrese de escoger correctamente, pues esto guiará sus acciones en los siguientes pasos.

Cuando esté pensando sobre un tema, probablemente haya varias opciones que se le crucen por la mente. Reduzca sus opciones a un tema en el que quiera o necesite concentrarse para crecer personal o profesionalmente.

¿Está interesado en convertirse en un mejor esposo o padre? Hay cantidades ingentes de libros de esos temas que están disponibles. ¿Necesita complementar ciertos conocimientos de su trabajo? Tendrá muchísimos libros de los cuales escoger. ¿Tiene curiosidad por saber cómo liderar mejor y lidiar con las personas? Tendrá que nadar en un mar de libros para encontrar el correcto.

Sea cual sea el foco que escoja, sea específico y luche por la claridad para definir cuáles son sus metas. Por ejemplo, «quiero convertirme en un mejor vendedor» es algo vago, no tiene fecha límite y no está conectado con ningún propósito. «Para convertirme en un mejor vendedor y obtener un ascenso, me volveré un experto en el comportamiento de los consumidores y lo que compran, dominaré la publicidad en Facebook y me certificaré en Google Analytics y Google Ads en doce meses», esto se une a un propósito, especifica exactamente qué necesita aprender y deja claro el período de tiempo que tiene para cumplir su meta.

Al crear su plan, siga el modelo SMART (por sus siglas en inglés) para proponerse metas y centrar sus esfuerzos. Un objetivo SMART es Específico, Medible, Alcanzable, Relevante y se basa en un Tiempo.

Tómese el tiempo que necesite en este paso. Es en este punto en donde debe tener claro qué es lo que necesita saber. Después estará listo para planear su método de ataque, lo cual nos lleva al siguiente paso.

Cree micrometas

Sólo hay una manera de cumplir cualquier tarea o meta que le tomará más de cinco minutos: un paso a la vez. Hablando de manera práctica, necesitará tomar su tema y desglosarlo en piezas más pequeñas que puedan convertirse en sus objetivos SMART. Cualquier tema que escoja incluirá múltiples componentes. Piense en todo lo que implica volverse mejor en cualquiera de estas áreas.

- Vida.
- Amistad.
- Matrimonio.
- *Marketing.*
- Teología.
- Negocios.
- Finanzas.
- Paternidad.
- Gerencia.
- Redes sociales.
- Liderazgo.
- Emprendimiento.
- Ingeniería.
- Construcción.

Antes de que escoja un libro para leer, desglose sus temas en piezas más pequeñas. Para empezar, identifique las cualidades, el conocimiento y las habilidades que componen el tema que escogió. Investigue un poco. Tome notas. Y vea si puede identificar unos siete o diez componentes diferentes. Cuando haya completado este paso, estará listo para seguir adelante.

Cree su propio currículo

No se deje intimidar por cómo suena esto.

Aquí está tomando los diferentes componentes que identificó arriba y escogiendo un libro para leer sobre cada tema específico. Básicamente terminará escogiendo unos siete o diez libros para leer. Eso es todo.

> **SETH GODIN, autor de veinte libros superventas, incluyendo *La práctica*, sobre la vida lectora.**
>
> Los libros son especiales por unas cuantas razones. La primera es que tienen un impacto proustiano sobre una cantidad de personas que tuvieron la suerte suficiente como para crecer de la manera en la que yo lo hice, es decir, sabiendo que los libros representan un proceso de curación y pensamiento. A lo que me refiero es a que nadie escribe un libro en diez minutos.
>
> Y para otras personas es un problema porque les recuerda la disciplina de la escuela y el estar aburridos, lo cual es la razón por la que la mayoría de las personas en los Estados Unidos solo leen uno o dos libros al año, algo impresionante y triste.
>
> Pero lo otro que hace un libro en el mundo de la no ficción es reunirlo todo en un lugar. Así no es como funcionan las entradas de un blog. Así no es como funciona un video de YouTube. En los libros todo está en un lugar.
>
> Y puedo entregarle ese todo a alguien más.
>
> Entonces, la razón por la que me tomo el trabajo de escribir libros (a pesar de que puedo alcanzar a muchas más personas con una entrada de blog) es que quiero que una persona que reciba un libro sea capaz de dárselo a alguien más. Porque las ideas que esparcimos, que compartimos, cambian nuestra cultura y lo hacen de una manera concentrada, no ampliamente, sino en pequeños grupos.

Sabemos que esa no parece una gran cantidad de libros, pero leer múltiples libros sobre un tema le permitirá adelantarse a los demás en los Estados Unidos. Aquí le contamos por qué:

- Lea un libro sobre un tema y sabrá más que el 27% de los adultos de Estados Unidos, quienes no han leído un libro en el último año[3].

- Lea cinco libros sobre un tema y sabrá más que el estadounidense promedio, que sólo ha leído cuatro libros en el último año[4].

- Lea diez o más libros sobre un tema y existirá una buena probabilidad de que sepa más que el 99%.

Para contextualizar, no hace falta leer docenas de libros para estar bien informado sobre un tema. Por supuesto, no estamos hablando de cuántos libros tendrá que leer para obtener su título de posgrado, su título de maestría o su doctorado. Obtener un título es un juego completamente diferente. La idea aquí es hacer lo que pueda para educarse a usted mismo.

Adhiérase a las guías libres que le proponemos aquí. Planear inicialmente leer más libros puede llevarlo por el camino incorrecto. Dese permiso de leer un puñado de libros sobre un tema y luego adapte su plan si quiere verlo desde un ángulo diferente. Dependiendo de cuán familiarizado esté con su tema, habrá una buena posibilidad de que se interese en algo específico en el camino. Así que confiérase la libertad para explorar esos caminos que se abren ante usted.

¿No está seguro de qué leer? Para empezar, use algunos de estos tips:

- Busque los libros más populares del tema.

- Busque autores con los que esté familiarizado.

- Vea qué otros autores referencian ellos mismos en sus libros.

- Siga las recomendaciones de diferentes autores.

- Busque libros en línea.

- Pídale sugerencias a alguien.

Para encontrar más ayuda sobre cómo formular un plan de lectura, revise el capítulo siete.

No empiece a leer su pila de libros todavía. Hay algo importante para lo que tiene que prepararse primero.

Resuma lo que lea

Resumir lo que lee es como inyectarles a sus aprendizajes gasolina para cohetes, lo que acelerará su progreso (hablamos de esto con más detalles en el capítulo ocho). Está claro que puede seguir adelante sin hacer esto. Leer muchos libros influenciará su manera de pensar. Peep Laja, el fundador y presidente de CXL, compartió cómo leer múltiples libros sobre un tema hizo que su pensamiento evolucionara y le permitió tener más profundidad y perspectivas[5]. Ahora, se ha demostrado que resumir lo que se lee tiene beneficios científicos de los que no querrá perderse.

De acuerdo con una investigación, resumir un libro lo ayudará a retener 50% más de contenido de lo que lee si se compara con alguien que no resume. A medida que revise sus notas, identifique los puntos clave y resuma sus hallazgos, se encontrará digiriendo de verdad el libro e interiorizándolo en su sistema.

Eso no es todo. Escribir resúmenes de libros le da muchos otros beneficios como:

- Aclarar sus pensamientos sobre el libro.
- Revelar qué vacíos de conocimiento tiene.
- Hacer que sus notas sean fácilmente accesibles.
- Ayudarlo a que conecte ideas de libros diferentes.
- Ahorrarle tiempo cuando deba recuperar sus notas y pensamientos.
- Mejorar su escritura, la cual es una habilidad esencial de comunicación.

Es probable que, naturalmente, se esté preguntando cómo escribir un resumen de un libro o cuánto tiempo toma ese proceso. Para ser honestos, no hay una aproximación que le sirva a todo el mundo. Todo depende de lo que quiera obtener de los libros que está leyendo.

James Clear, el autor de *Hábitos atómicos*, escribe un resumen de tres frases de la idea principal, escoge citas interesantes y anota pensamientos importantes. Tiago Forte, uno de los expertos en productividad más reconocidos del mundo, dedica de diez a veinte horas a resumir ciertos libros. Con solo estos dos ejemplos ya podrá ver que existe una gran variedad de técnicas a la hora de resumir un libro.

Mientras piensa en qué método le funcionará mejor a usted, mantenga estas preguntas en mente:

- ¿De qué se trata el libro?
- ¿Cuál es la idea principal de cada capítulo?
- ¿Cómo comprueba el autor su hipótesis?
- ¿Qué le pareció útil?
- ¿Con qué no está de acuerdo?
- ¿Puede actuar basándose en algo que leyó en el libro?
- ¿Cómo se compara este libro con uno diferente?
- ¿Existen temas comunes que haya identificado en diferentes libros?
- ¿Hay citas o ideas que quiera resaltar?

> **Vaya a readtolead.com/resources para descargar una lista que lo ayudará a hacer resúmenes de libros.**

No tiene que responder todas esas preguntas. Le estamos compartiendo algunas ideas que puede considerar cuando esté escribiendo el resumen de un libro de acuerdo con sus necesidades.

Refuerce su lectura

Reforzar su lectura cimentará lo que lea. De nuevo, muchos estudios y encuestas, así como varios ejemplos históricos, validan las diferentes maneras en las que puede aprender algo nuevo.

Sin conocerlo personalmente es difícil saber qué le funcionará mejor. Dependiendo de lo que se haya propuesto lograr, aquí le presentaremos dieciséis formas con las que podrá acelerar su aprendizaje[6].

1. Desglose lo que necesite aprender en las partes más pequeñas que sea posible[7].

2. Practique, practique y practique.

3. Cambie la manera en la que practica[8].

4. Reciba retroalimentación.

5. Busque a un mentor o a un tutor.

6. Concéntrese en desarrollar una habilidad al tiempo.

7. Póngase a prueba[9].

8. Enséñele a alguien más lo que ha aprendido.

9. Duerma más y tome siestas.

10. Ejercítese con regularidad.

11. Estudie o practique en intervalos cortos de tiempo[10].

12. Diga en voz alta lo que quiere aprender[11].

13. Vea videos.

14. Lea artículos.

15. Sumérjase en experiencias.

16. Tome cursos en línea o presenciales.

Afortunadamente no tiene que hacer todo lo que está en la lista. Por si le sirve de algo, le recomendamos centrarse en practicar, obtener retroalimentación y buscar a un mentor o tutor al que pueda rendirle cuentas y quien lo anime a salirse de su zona de confort. Combinar esas tres tácticas con el acto de leer será como un impulso para su desarrollo personal y profesional.

Manos a la obra

¡Lo ha logrado!

Se ha propuesto una meta, ha leído sus libros, ha resumido sus lecturas y ha reforzado lo que leyó de una cantidad de formas diferentes. A menos que se haya embarcado en este camino sólo para obtener más sabiduría, es hora de poner manos a la obra y trabajar duro.

Como lo señalamos en el capítulo ocho, lo único que un libro (así como un curso en línea, un mentor o un título) no puede hacer por usted es *poner manos a la obra*. Nadie y nada más puede tomar lo que ha aprendido y ponerlo en práctica. Sólo usted tiene el poder de poner a trabajar su nuevo conocimiento y habilidades.

¿Se siente más confiado con respecto a la publicidad digital? Busque una oportunidad que le permita demostrar sus nuevas habilidades. ¿Ya sabe qué quiere decir en una presentación? Es hora de que escriba sus pensamientos en papel… o en una presentación de PowerPoint o KeyNote. ¿Está listo para aceptar oportunidades gerenciales en el trabajo? Empiece a poner en práctica las lecciones que ha aprendido.

Ahora es su turno

Aplique lo que ha aprendido o tómese un descanso de los libros si debe hacerlo, pero no se detenga allí. Hay más cosas por aprender, más habilidades por adquirir y más aventuras por experimentar. Escoja un nuevo tema y empiece todo el proceso de nuevo. Con el paso del tiempo, habrá (casi) dominado múltiples temas, crecido personal y profesionalmente y, con la cantidad de conocimiento que ha obtenido, será el foco de las conversaciones en las cenas.

Lecturas adicionales

Lleve las lecciones de este capítulo un paso más allá y lea lo siguiente:

- *Maestría* de Robert Greene.
- *El talento está sobrevalorado: las auténticas claves del éxito personal* de Geoff Colvin.
- *Fuera de serie* de Malcolm Gladwell.

CAPÍTULO 13

QUINCE TIPS SOBRE CÓMO LEER DE UNA MANERA MÁS INTELIGENTE

«La falta de dirección, no la falta de tiempo, es el problema.
Todos tenemos días de 24 horas».

—Zig Ziglar

Cada casa tiene al menos un cajón en el que metemos todas las cosas inservibles o en donde ponemos lo que no tiene un puesto fijo. Puede ser un cajón en la cocina, la habitación o la oficina lo que esté lleno de las cosas más aleatorias. Cables que no se usan con frecuencia, destornilladores u objetos pequeños que quedaron por ahí son algunas de las cosas que podrá encontrar en mis (los de Jesse) cajones.

No todo lo que hay dentro de ellos es basura. Estos cajones normalmente están llenos de objetos que no hemos organizado todavía o, si somos honestos, que quizás nunca organizaremos. Esto no devalúa lo que hay en ellos. Es más, un objeto de uno de esos cajones puede ser el objeto más valioso de su casa (como las llaves del carro, por ejemplo).

Piense en este capítulo como nuestro capítulo sobre muchas cosas.

Es un capítulo lleno de consejos variados que lo ayudarán a leer de una manera más inteligente, a estar mejor informado y a vivir mejor la vida lectora. Los tips que encontrará más adelante no están en ningún orden particular, así que siéntase libre de aplicarlos o leerlos como quiera.

1. Relea toda clase de libros

Existe una gran posibilidad de que su pila de libros pendientes sea enorme ahora mismo. Libros que quiere leer por trabajo, para mejorar sus relaciones o por puro entretenimiento. Además, la emoción de elegir un libro nuevo, de comprarlo y luego ponerlo en su pila de pendientes es intoxicante. Pero hay momentos en los que querrá presionar el botón de pausa, no leer algo nuevo y, en su lugar, releer un libro.

Esto puede parecerle extraño o contraproducente, pero hay varias razones por las cuales debería considerar releer libros. Además, muchas personas a lo largo de la historia han hecho lo mismo. Desde Charles Spurgeon releyendo *El progreso del peregrino* de John Buyan más de cien veces[1] hasta Warren Buffet compartiendo cuán a menudo ha leído *El inversor inteligente* de Benjamin Graham, las historias de personas releyendo libros son abundantes y por una buena razón[2].

Releer libros puede mejorar su capacidad de comprensión, recordarle algo que encontró valioso o mostrarle algo que pasó por alto antes. A medida que pase el tiempo y usted relea libros, encontrará cosas nuevas porque, de alguna manera, se habrá convertido en una persona diferente. Habrá vivido más de la vida y obtenido más sabiduría, lo que quiere decir que se está sentando a leer un libro viejo, pero con una nueva perspectiva.

Después de numerosos intentos fallidos antes, el año pasado por fin logré (Jeff) que leer la Biblia se convirtiera en una práctica diaria. Dado que he sido alguien que ha estado leyendo la Biblia intermitentemente desde que tenía cinco años, no es difícil imaginarse cuán a menudo he releído ciertos pasajes a lo largo de los años.

Esto ha sucedido incluso con más frecuencia ahora que antes. Habiendo logrado leer la Biblia completa en un año, eventualmente releí todo lo que ya había leído en el pasado. Pero ahora, con unos cuantos años más de vida y ojalá algo más de sabiduría, incluso los versículos con los que estaba más familiarizado tuvieron un nuevo significado para mí.

Este es uno de mis argumentos más fuertes para convencerlo de que relea cualquier libro con el que haya resonado. A medida que crezca y mejore personal y profesionalmente, obtendrá de manera natural nuevas perspectivas. Estas experiencias le sirven casi como un par nuevo de ojos cuando de leer un libro por segunda, tercera o incluso cuarta vez se trata.

2. Lea hasta que ame hacerlo

Leer no es una actividad natural que todo el mundo disfrute. Por una variedad de razones, hay personas que han amado leer desde que nacieron, otras que pueden leer o no leer dependiendo del momento y otras que nunca han soñado siquiera con abrir un libro. Sin importar en dónde se ubique usted en este espectro, leer un libro es algo que puede aprender a amar. Pero su amor por la lectura puede ser difícil de cultivar: requerirá de esfuerzo, disciplina y perseverancia.

Verá, leer libros no es una experiencia pasiva como sentarse, comer palomitas y maratonearse su serie de televisión favorita. En lugar de eso, la lectura requiere activamente de su concentración, su atención y de que pase la página, deslice la página en su lector electrónico o que desplace el libro hacia abajo en su teléfono.

Al compartir esto con usted queremos que sepa en qué se está metiendo y que se enfrentará a cierta resistencia cuando empiece a leer más libros. Cuando esto suceda, decida con todo su corazón tomar un libro, incluso si es por unos cuantos minutos, y fuércese a leerlo como si amara esa actividad. Con el tiempo, a medida que lea, su amor por la lectura crecerá. Quizás al principio tenga que fingir que ama hacerlo hasta que se convierta en realidad.

3. Guarde algunas cosas para leerlas después

Dato: es imposible leer todo lo que se ha escrito o lo que se escribirá.

¿Sabe qué más?

Nunca será capaz de leer todo lo que quiere leer. Ahora, no somos cascarrabias que queremos destrozar sus sueños y tirarlos por un barranco. En lugar de eso, queremos ayudarlo a concentrarse en leer el material que lo ayudará a aprender nuevas habilidades, expandir su influencia e impulsar su carrera.

¿Cuál es el punto? Se va a topar con algo que quiera leer casi todos los días y no va a tener tiempo de leerlo justo en ese momento, así que esté siempre preparado para crear una lista de aquello que quiere leer después.

En cuanto a mí (Jesse), empecé a usar aleatoriamente mi Lista de Deseos de Amazon para registrar los libros que quizás quiera leer después. Es más, cuando veo un artículo interesante en línea, uso una aplicación para "leer después", una herramienta de redes sociales como Feedly o quizás la carpeta de enlaces guardados para más tarde.

Tener un plan listo hoy mismo para guardar las cosas que quiere leer después le ahorrará mucho estrés.

4. Lleve o siempre tenga acceso a un libro

Tener acceso siempre a un libro es algo que le cambia la vida. Se sorprenderá cuando descubra cuántas veces a lo largo del día será capaz de leer.

¿Alguien está llegando tarde a su reunión? Lea un libro. ¿Está estancado en el tráfico? Échele un vistazo a una página. ¿Va a tomar el tren, el metro o el bus para ir a la ciudad? Lea unos cuantos capítulos. Este es un hábito de lectura que incrementará el número de libros que puede leer.

¿Sabe qué más? Llevar un libro con usted es una manera en la que puede reducir el estrés y disfrutar más de sus trayectos en el transporte público. Puede ser una forma de empezar conversaciones o, si prefiere no hablar con nadie, también es una gran manera de evitar a las personas (si es de estos últimos, puede agradecérnoslo después).

5. No "lea" únicamente resúmenes de libros

Los resúmenes tradicionales de libros han existido desde que se empezaron a escribir libros. Se han creado empresas enteras para escribir resúmenes y guías de estudio de libros (piense en Cliff Notes). Los resúmenes o las guías son suplementos útiles, pero los resúmenes no reemplazan el acto de leer y no deben confundirse con leer libros. Son dos cosas obviamente diferentes.

Como se lo explicamos en el capítulo dos, hay una cantidad de beneficios científicos por leer, pero no experimentará estos mismos beneficios al leer resúmenes escritos por alguien más. Además, los resúmenes son justo eso… textos que condensan los puntos clave de un libro. Son herramientas útiles para complementar su hábito de lectura y pueden ser un gran truco si solo necesita entender unos cuantos puntos. Pero no se subestime leyendo o escuchando únicamente resúmenes. Eso sería como masticar un bocado de comida nutritiva y luego escupirlo… sólo disfrutará del sabor, pero no se beneficiará de la sustancia que contiene.

> **Para acceder a una lista de herramientas recomendadas, vaya a readtoleadbook.com/resources**

6. Aproveche al máximo los audiolibros de tres maneras

Retener lo que escucha en los audiolibros puede ser retador. Ya sea que esté conduciendo el carro para ir al trabajo o escuchando algo mientras hace varias cosas, recordar lo que escucha es difícil.

Cuando yo (Jeff) empecé a escuchar audiolibros durante mi trayecto al trabajo, me di cuenta de que a menudo mi mente caía en pensamientos profundos sobre el tema que acababan de tocar. Usualmente había pasado ya tres o cuatro minutos reflexionando con mis pensamientos antes de darme cuenta de que me había perdido los últimos minutos de lo que el narrador había dicho. Esto puede ser frustrante, pues tendrá que devolverse varias veces para descifrar en dónde se desconectó su mente. Con el tiempo logré desarrollar una solución para eso. No quería evitar que mi cerebro "se perdiera" en pensamientos porque, con bastante frecuencia, me encontraba pensando más profundamente en lo que el autor acababa de compartir, lo cual es otra forma de decir que ya estaba intentando pensar en maneras en las que podría aplicar lo que acababa de aprender. Eso es algo bueno, ¿no cree?

Cuando esto me pasaba, empecé a implementar la práctica de pausar el audiolibro en el momento en el que comenzaba a pensar con más intensidad. Ahora me permito la libertad de pensar mi idea o manera de aplicar las conclusiones que escucho. Sólo cuando mi cerebro termina de hacerlo, vuelvo a presionar el botón de reproducir y regreso al audiolibro.

Es verdad, me toma más tiempo acabar un audiolibro haciendo eso, pero es mejor que perderme partes de un libro porque mi cerebro está intentando hacer dos cosas al tiempo (lo cual todos sabemos que es imposible).

Otra forma en la que puede retener mejor lo que escucha es usar la función de marcar ciertas partes en su aplicación favorita de audiolibros. Por ejemplo, con Audible, puede usar su función de Audible Clip, la cual guarda el pasaje que está escuchando. Cuando se encuentre con algo que quiera revisitar, marque el lugar y vuélvalo a escuchar después. De esta manera podrá oír de nuevo un pasaje y tomar notas si así lo quiere.

Ahora que sabe que puede guardar los momentos clave y revisitarlos después, la siguiente forma en la que puede aprovechar al máximo los audiolibros es incrementar la velocidad de la narración. Recuerde, puede leer más rápido de lo que habla, lo que quiere decir que también puede escuchar más rápido de lo que habla.

No sienta que debe escuchar los audiolibros a la velocidad más rápida disponible. Sabemos la tentación que supone escuchar un audiolibro de seis horas en sólo dos al incrementar la velocidad a 3x. Pero seamos honestos: no comprenderemos o retendremos mucho si hacemos esto. Sin embargo, puede incrementar la velocidad hasta el punto con el que se sienta cómodo.

Primero, incremente la velocidad del narrador a 1.25x y vea cómo se siente. Después súbala a 1.5x para ver si aún es capaz de comprender lo que está escuchando. A mí (Jesse) me gusta calentar un poco y escuchar primero el audiolibro a la velocidad normal, pero luego la incremento hasta 1.5x. Eso normalmente me funciona bien. Pero hay momentos en los que debo desacelerarlo porque soy incapaz de mantener el ritmo.

7. Lea libros que lo ayuden a resolver sus problemas

Lo que estamos a punto de decirle lo liberará: no tiene que leer cada libro en cualquier lista de "mejores libros" con la que se tope. Para casi cada tema se encontrará con una lista de más vendidos o de los mejores calificados. Y, claro, habrá libros en esas listas de los cuales se pueda beneficiar, pero leer toda la lista de libros recomendados puede no beneficiarlo en absoluto porque está creada para una audiencia general, no para usted en particular.

En lugar de eso, escoja un libro que lo ayude a resolver un problema específico, que le permita aprovecharse de una nueva oportunidad o que lo impulse a desarrollar una nueva habilidad. Por ejemplo, yo (Jesse) leí recientemente varios libros sobre ventas para informarme mejor sobre esa línea de mi trabajo, que es el *marketing*. Leer estos libros nutrió mi punto de vista y me ayudó a solidificar mis planes y empezar a trabajar.

Yo (Jeff) he leído casi veinte libros sobre el tema de hablar en público y crear buenas presentaciones. Esa es una habilidad que quiero desarrollar al máximo. Por eso, leer libros de ese tema me parece divertido y es algo que siempre anhelo hacer. Y sé que estoy haciendo algo que la mayoría de las personas que hablan en público no hacen, así que eso me da una ventaja.

Ahora, sé que la forma más rápida de mejorar en algo es justamente hacerlo. En mi caso, doy charlas y presentaciones tan a menudo como puedo. Sin embargo, mis lecturas sobre ese tema me ayudan y me enseñan cosas como la manera más efectiva de contar historias, cuáles son las mejores prácticas con respecto a la estructura y el flujo, cómo comunicar mi mensaje con claridad, cómo lidiar con la ansiedad y muchas más cosas.

> **MICHAEL HYATT, autor superventas del *New York Times* y fundador de LeaderBooks, sobre la vida lectora.**
>
> No leo para retener. Leo para estimularme, para asimilar, para innovar y por una cantidad de razones más. No me importa si puedo recordar exactamente lo que el autor dijo, pero sí la síntesis de todo lo que se me quedó en el cerebro a medida que leía. Y eso me da un gran retorno de mi inversión porque las ideas nuevas son las que crean nuevos servicios, nuevos productos y todo lo bueno que sucede en mi negocio.

No se estrese ni se fuerce a leer todos los libros de todas las listas. Use estas listas de los "mejores" para sacar ideas de lo que quiere leer, pero escoja lo que le parezca más útil para usted mismo.

8. Cinco tips para leer libros electrónicos

Muchas de las lecciones que le hemos compartido en este libro pueden aplicarse para leer libros electrónicos con su teléfono inteligente o su tableta. Sin embargo, hay unos cuantos tips para leer libros electrónicos que necesitará saber.

Para empezar, cuando se trata de guiar su lectura con un señalador (tal como lo mencionamos en el capítulo nueve), no puede usar su dedo en una tableta o dispositivo móvil. En lugar de eso, necesitará algo para marcar su ritmo de lectura, como un bolígrafo, el borrador de un lápiz o un palo (vale, estamos bromeando con esa última opción).

Segundo, pruebe con diferentes fuentes tipográficas. No todas las fuentes disponibles se crean de la misma manera y algunas están mejor diseñadas para leer libros electrónicos. Las fuentes de la familia *sans serif* se consideran las ideales. Pero encuentre la fuente que mejor le funcione a usted en su tableta o teléfono inteligente.

Tercero, baje el brillo de su pantalla y pruebe con diferentes fondos. Una de las principales causas para el cansancio en los ojos es el tipo de iluminación y fondo que escoge. Baje el brillo de su pantalla para ver si eso lo ayuda, use un fondo oscuro con una fuente clara o experimente con diferentes aplicaciones de disminución de brillo de la pantalla.

Cuarto, un área en la que los libros electrónicos sobresalen es en el subrayado y las notas. A medida que lee, fácilmente puede resaltar partes y crear notas. Más adelante puede exportar las partes subrayadas y las notas si prefiere organizarlas en un solo lugar.

Quinto, active la opción de deslizado continuo. Esto le permite leer sin pausas y sin esfuerzo al deslizar la pantalla en lugar de pasar manualmente cada página. De esta manera no perderá el lugar en el que iba y se ahorrará unos segundos. Puede que eso no le parezca una gran cosa, pero esos segundos se van sumando muy rápido, especialmente si está leyendo en un teléfono inteligente con una pantalla más pequeña que una tableta o un lector electrónico.

Estos cinco tips deberían incrementar su velocidad de lectura, ayudarle a retener lo que lee y darle una experiencia lectura más disfrutable con los libros electrónicos.

9. No busque *el libro*

Casarse y escoger qué libro va a leer tienen una cosa en común: le está diciendo que «sí» a una persona o a un libro y les está diciendo que «no» a miles de millones de otras personas o a millones de libros. Entonces, sí, entendemos la presión que puede sentir cuando llega el momento de escoger qué leer. Además, es difícil comprometerse con un libro que potencialmente pasará varias horas consumiendo y del que realmente no tiene idea si valdrá la pena hasta que empiece a leerlo.

En todo caso, no se estrese demasiado por escoger "el libro", es decir, uno que le cambiará la vida. Con el tiempo, a medida que lea, se tropezará con libros que crearán un impacto tremendo en su vida. Son los que Tyler Cowen llama «libros terremoto», los que lo sacuden hasta lo más profundo[3]. En la vida leerá libros que le darán una nueva perspectiva, que lo llenarán de inspiración y esperanza y que lo llevarán a vivir una vida más feliz, más sana y más satisfactoria. Pero no *necesariamente* va a encontrar ese libro en la lista de lecturas de alguien más. Los libros que les cambiaron las vidas a otras personas pueden terminar coleccionando polvo en su biblioteca. No estamos diciendo que no deba leer los libros que le recomiende alguien más. Sólo queremos que sepa que un libro que le cambiará la vida lo encontrará en medio de sus aventuras lectoras.

¿Sabe qué más?

No se sienta mal si no saca mucho de los libros que lee. A decir verdad, no cada palabra de cada libro (incluyendo este) contiene sabiduría que revolucionará el mundo o entretenimiento continuo. Esté abierto a permitir que una idea, un capítulo, un párrafo o incluso una frase de un libro le cambien la vida. Terminar de leer un libro y haber tenido al menos *un* pensamiento inspiracional, útil o transformador vale más que los pocos dólares que se gastó comprando el libro.

10. Compre tantos libros como pueda (razonablemente) permitirse

Leer es un hábito común que comparten muchas personas exitosas de hoy y de la historia. Es el responsable de desbloquear una creatividad e influencia ilimitadas. Ha sido la inspiración para incontables generaciones que han creado grandes impactos. Se ha comprobado que reduce el estrés, mejora su capacidad de tomar decisiones y lo convierte en un mejor líder. Entonces, ¿qué debería hacer? Comprar tantos libros como pueda, por supuesto.

Compre libros que quiera leer.

Compre libros que leerá parcialmente.

Compre libros que crea que vaya a leer.

Compre libros que quizás nunca lea.

Créese una biblioteca. Deje libros en su mesa de noche, en el trabajo, en la sala y en el baño (sí, lo dijimos). Rodéese de libros.

No estamos sugiriendo que se convierta en un bibliómano: alguien que acumula de forma obsesiva libros hasta el punto de que se arruina económicamente y se aísla. Más bien, creemos que lo mejor es que se rodee de toda clase de libros.

Para empezar, tener acceso a libros le facilitará que lea. ¿Se siente tentado a ver demasiada televisión? Mantenga una pila de libros junto al control remoto. ¿Le cuesta quedarse dormido? Deje unos cuantos de sus libros favoritos en su mesa de noche. ¿Tiene un lugar favorito para sentarse en su casa? Mantenga algunos libros cerca de allí.

Tener pilas de libros físicos en la casa no es algo nuevo o que esté en tendencia. Es un ideal universal y ha existido durante años. En Japón, a la acción de apilar libros que quizás nunca lea se le llama *tsundoku*, y la idea viene de mediados del siglo diecinueve, cuando los libros eran más difíciles de conseguir.

Quizás diga: «no veo cuál es el punto de comprar tantos libros».

Es un punto válido y quizás no esté de acuerdo con lo que estamos a punto de compartirle, pero aquí vamos: rodearse de libros que no ha leído y que quizás nunca lea lo mantendrá humilde y curioso. Nassim Nicholas Taleb, autor de *El cisne negro*, dice que su biblioteca «debería contener tanto como sea posible de temas que no conozca como su capacidad financiera, sus tasas de hipotecas y el difícil mercado inmobiliario actual le permitan poner allí»[4].

Ver libros que no ha leído o que solo ha leído parcialmente será un recordatorio sutil de que no ha aprendido y que no puede aprender todo lo que hay por saber. Se dará cuenta de que este sutil recordatorio no es para llenarlo de vergüenza o culpa, sino que lo mantendrá hambriento y buscando cómo aprender y crecer más como persona y profesional.

11. Si quiere, lea más de un libro al tiempo

«Tengo que leer un libro al tiempo».

Este es un mito común y uno en el que no tiene que creer. A menos que necesite leer libros para clases, para el trabajo o para un proyecto específico, no hay ninguna razón por la que no pueda dejar de leer un libro, ir por otro título que le parezca más intrigante en ese momento y volver eventualmente al libro que dejó de lado.

Leer múltiples libros es, de hecho, algo bueno. Puede intercalar entre leer libros que tiene o quiere leer con algo que lo entretenga más. No tiene que forzarse a leer algo que no está disfrutando en ese momento.

Cuando está leyendo un libro del que quiere sacar cada idea y lección, hay cierto nivel de atención que debe darle para lograr eso. Ahora, piense que está descansando a la hora de almuerzo, tomándose una pausa del trabajo o preparándose para irse a la cama. No se encontrará en el mejor momento, físicamente hablando, para ser un lector activo, lo cual es una prerrogativa para leer ese libro en particular. Por eso leer múltiples libros al tiempo es una forma más natural de leer. Es una manera en la que puede adaptarse a los ritmos de su vida. No se presione a leer sólo un libro al tiempo hasta que lo termine. Esa es una necedad y no le servirá de nada.

12. Comparta lo que aprenda

A medida que lea tendrá nuevas ideas. Algunas harán que tome una pausa y reflexione, mientras que otras ideas le caerán como un rayo del cielo. Cuando se encuentre con algo que crea que es significativo, aquello retará lo que ya cree o el trabajo que hace, o incluso lo ayudará a conectar varios puntos. Sin importar cuán pequeña o significativa sea la idea que se le ocurra, una forma en la que puede asimilar ese nuevo pensamiento a su manera de pensar es compartiéndolo con otros.

Hay muchas formas en las que puede compartir sus ideas. Puede ser a través de una conversación con alguien más, con los 280 caracteres de un trino o con una entrada de blog, por nombrar algunas. Kevin Hendricks, un autor, periodista y lector ávido, dijo: «cuando me encuentro con algo interesante, escribo una entrada de blog al respecto. El acto de compartir lo que he aprendido es una de las mejores maneras para cimentar algo»[5]. Como Kevin, puede explorar profundamente una idea que le surja gracias a lo que está leyendo. O puede resumir sus pensamientos sobre un libro entero para retener mejor lo que ha leído. Sus resúmenes de libros pueden ser personales o los puede publicar en línea, la cual es una práctica común para muchos, incluyendo a James Clear, Nat Eliason y Tiago Forte.

Para mí (Jeff), compartir lo que he aprendido con otros a mi alrededor a lo largo de los años ha incrementado muchísimo mi habilidad no sólo para retener lo que he leído, sino también para retar mis "descubrimientos". Compartir invita a otros a que le den sus opiniones. Algunas veces eso me hace pensar en cosas en las que nunca habría pensado de otra manera. Es más, parte de mi motivación para empezar con el pódcast de *Read to Lead* fue la capacidad que me daba de compartir con otros, de manera regular, lo que estaba leyendo y disfrutando.

El acto de compartir lo que está aprendiendo lo fuerza a entender lo que está leyendo hasta el punto de que se siente capaz de compartirlo con otros a través del formato o el medio que escoja. A medida que comparta las ideas que está aprendiendo de los libros que lee será capaz de retener mejor las lecciones que está aprendiendo en el camino.

Como se lo dijimos en el capítulo ocho, interactúe con los libros que lee. Márquelos. Subraye los pensamientos interesantes. Resuma lo que está leyendo. Y al final comparta lo que está leyendo con otros para forzarse a aprender de los libros que lee.

13. Póngase tiempos límite para leer más y más rápido

Los tiempos límite para leer son útiles de dos maneras.

Primero, como lo vimos en el capítulo nueve, es ideal leer en intervalos cortos de tiempo. Aunque su cerebro no es técnicamente un músculo, debería tratarlo como si lo fuera. En algún punto durante la lectura se cansará y su velocidad de lectura y comprensión disminuirán. Cuando esté leyendo para aprender, use tiempos límite. Rétese a leer tanto como pueda durante un período determinado de tiempo. A medida que avance, ponerse un tiempo límite lo ayudará a leer más páginas y más libros.

Segundo, use los tiempos límite para incrementar cuántas palabras por minuto puede leer. Sin importar cuál sea su promedio de ppm, rétese regularmente para leer más rápido. Tratar la lectura como algo que tiene que mejorar lo llevará a entrenar para ello como si se tratara de una carrera. Cada pocas semanas o cada mes, programe un momento para evaluar cuál es su velocidad de lectura. Siga haciendo eso hasta que esté contento con cuán rápido está leyendo sin dejar de comprender lo que lee.

14. Lea para entender grupos de palabras

Hablamos un poco de esto en el capítulo nueve cuando mencionamos cómo nos enseñan a leer palabra por palabra y a decir las palabras en nuestra mente mientras leemos (subvocalización). Esta es una técnica educativa sólida porque los niños necesitan aprenderse el alfabeto y a pronunciar las palabras. Pero después de que se crean estas bases, ya no necesitamos leer de esa manera porque nuestro objetivo no es pronunciar las palabras *per se*, sino entender lo que significan dichas palabras. Como ese es el caso, puede aprender a leer (bueno, a entender) grupos de palabras (dos o tres) al tiempo.

Esto no es magia o alguna clase extraña de técnica de lectura rápida que no tiene ningún mérito. De hecho, ya está leyendo grupos de palabras y entendiendo las ideas que están detrás de las palabras, los signos, las abreviaciones y los acrónimos. Piense en ello. Cuando ve una señal de tráfico común, abreviaciones como NYC (New York City o Ciudad de Nueva York) o acrónimos como LOL (*laughing out loud* o riéndome en voz alta) o BRB (*be right back* o ya vuelvo), no está leyendo las letras y las palabras, sino que está procesando las ideas que hay detrás de ellas.

Para hacer eso, refiérase al método de saltos que mencionamos en el capítulo nueve. Con esta técnica guiará sus ojos para que vean grupos de palabras al tiempo y se forzará a entender las ideas detrás de las palabras, no a leerlas una por una. Admitiremos que esto no es algo que pueda aprender a hacer después de uno o dos intentos. Luche contra la frustración y planee practicar esto varias veces.

Aquí hay un consejo de Tim Ferris que puede considerar: use una regla para dibujar dos líneas equidistantes en la página. Luego use esas líneas como su guía para entender grupos de palabras. Como el método del salto, usará esas líneas como rieles que guiarán sus ojos para ver dos o tres palabras al tiempo.

Sin importar qué método use, practique al menos uno o el otro varias veces para ver cómo le va. No podrá dominarlos a menos que los pruebe.

15. Experimente con aplicaciones de lectura rápida

Para ser honestos, nunca hemos usado una aplicación de lectura rápida antes, pero en años recientes ha habido un incremento en la cantidad de aplicaciones que le prometen aumentar su velocidad de lectura y comprensión y, francamente, nos parece que vale la pena probarlas.

La mayoría de estas aplicaciones usan una tecnología llamada Presentación Visual Serializada Rápida (RSVP por sus siglas en inglés). Básicamente, estas aplicaciones le muestran una palabra, grupos de palabras o puntos de fijación para ayudarles a sus ojos a enfocarse en lo que está leyendo. Dentro de la aplicación puede incrementar o disminuir la velocidad de las palabras que aparecen y en algunos casos puede subir un texto o enlazarla con otra aplicación, lo que significa que potencialmente podría leer las noticias más rápido, por ejemplo. En cada aplicación, mostrándole palabras en una sucesión rápida, la idea es que pueda incrementar su velocidad de lectura al disminuir el tiempo (en algunos casos, milisegundos) que se pierde entre palabras o al final de una línea o página.

Hay docenas de aplicaciones disponibles y muchas de ellas tienen diferentes características y beneficios. Si cree que puede beneficiarse de una aplicación así, adelante. Pero haga lo que haga, no crea que alguna aplicación lo ayudará a leer y comprender a una velocidad mayor de la que es humanamente posible tener. Recuerde, aún somos humanos y estamos programados con algunas limitaciones sobre cuán rápido podemos leer algo sin perder la capacidad de comprender.

Ahora es su turno

Ahí los tiene: una cantidad impresionante de consejos para leer.

No intente interiorizarlos todos al mismo tiempo. Concéntrese en los que más le llamaron la atención. Reflexione sobre ellos. Apréndaselos de memoria. Actúe de acuerdo con ellos. Y repita este proceso hasta que los haya dominado todos.

Hágalo y se convertirá en un lector más inteligente y en un mejor líder.

Lecturas adicionales

Hablando de tips de lectura, aquí le dejamos varios libros acerca de leer y de leer de una manera más inteligente:

- *On Reading Well: Finding the Good Life through Great Books* de Karen Swallow Prior.
- *Cómo hablar de los libros que no se han leído* de Pierre Bayard.
- *Why Read?* de Mark Edmundson.
- *The Reading Life: The Joy of Seeing New Worlds through Other's Eyes* de C. S. Lewis.
- *How to Read Nonfiction Like a Professor: A Smart, Irreverent Guide to Biographies, History, Journalism, Blogs, and Everything in Between* de Thomas C. Foster.
- *Leer como un profesor* de Thomas C. Foster.
- *The Pleasures of Reading in an Age of Distraction* de Alan Jacobs.
- *On the Art of Reading* de sir Arthur Quiller-Couch.
- *Cómo leer y por qué* de Harold Bloom.
- *Empire of Illusion: The End of Literacy and the Triumph of Spectacle* de Chris Hedges.

CAPÍTULO 14

POR QUÉ DEBERÍA EMPEZAR UN CLUB DE LECTURA O UNIRSE A UNO

«Dentro de un año deseará haber empezado hoy».

—Karen Lamb

Una de las experiencias profesionales más satisfactorias de mi (la de Jeff) carrera no involucró un evento, un premio o una meta cumplida, sino más bien un camino. Cuando cumplí los treinta, me contrataron para un trabajo que no era como ninguno que hubiera tenido antes. Era diferente de muchísimas maneras, incluyendo que los líderes de la organización querían animarme a que creciera profesionalmente.

Antes de esta experiencia, muchas de las estaciones de radio en las que había trabajado no veían la oficina como un lugar en el que se pudieran aprender nuevas habilidades. Se esperaba que ya tuviéramos todas las habilidades necesarias para desempeñar el trabajo. Después de todo, por eso nos contrataban en primer lugar. Y eso era especialmente cierto si se hacía parte del equipo que entraba al aire, como yo.

La energía en la estación se sentía. La cultura era contagiosa. A diferencia de los otros trabajos en los que había estado, entre los empleados no existía la sensación de que ese lugar sólo era de paso mientras conseguían algo mejor. Las personas querían trabajar allí. Disfrutaban estando allí. Y de verdad se caían bien unos a otros.

Cuando le pregunté sobre esa época, mi jefe de ese momento, Matt, dijo lo siguiente: «creo que el equipo central que teníamos en ese momento quería mejorar sus habilidades de liderazgo. Y también nos comprometimos a seguir aprendiendo para toda la vida. Fue de verdad una experiencia en la que todos nos ayudamos mutuamente. Atravesamos buenos y malos tiempos juntos y todos estábamos listos para vivir la vida más allá de la compañía de acuerdo con lo que habíamos aprendido en esa etapa». Lo que él no dice, pero yo añadiría, es que las prácticas específicas que él implementó fueron las razones por las que nos comprometimos a seguir aprendiendo de por vida en primer lugar.

Entonces, ¿cómo fue que Matt cultivó ese fuerte deseo de aprender en mí y quienes estaban a mi alrededor?

Ya conoce la respuesta.

A través de los libros, por supuesto.

Creando *momentum* a través de los libros

Leer libros como equipo no fue algo que se dejó al azar. Nos comprometimos. Lo añadimos al calendario. Nos pusimos de acuerdo sobre qué libro leer. Nos centramos en leer un libro al tiempo. Apartamos una hora cada semana para reunirnos y discutirlo. Con este club de lectura todos estábamos aprendiendo nuevas habilidades, explorando los límites de lo que era posible y construyendo confianza entre los miembros.

Por ejemplo, en los años siguientes, nos encontramos en un punto en el que tuvimos que pensar en cómo nuestra organización se aprovecharía mejor de las redes sociales. Era mi trabajo descubrir aquello. Y el equipo de liderazgo puso su fe en mí para que lo hiciera bien.

Así que debía instruirme tanto como pudiera sobre ese tema. ¿Cómo impactarían las redes sociales a nuestra industria? ¿Cómo podíamos usarlas mejor para complacer a nuestros oyentes? ¿Cuáles eran las mejores prácticas? ¿Qué plataformas encajaban mejor con la organización? Esas preguntas pueden parecer básicas hoy en día, pero en ese momento las cosas estaban cambiando rápidamente y había mucha presión.

En aquellos tiempos, leí libros como *The New Community Rules: Marketing on the Social Web* de Tamar Weinberg y el superventas del *New York Times* escrito por Chris Brogan y Julien Smith: *Trust Agents: Using the Web to Build Influence, Improve Reputation, and Earn Trust.*

Cuanto más leía, más ideas nunca antes probadas (al menos en mi industria) intentaba llevar a cabo. Cuantas más ideas nunca antes probadas implementaba, más valiente me volvía a la hora de intentar con incluso más ideas nunca antes probadas. Está claro que algunas cosas funcionaron y otras no. Pero esta es la verdadera lección que aprendí: en la mayoría de los casos, las cosas que intenté no terminaron yendo a ningún lado y pronto se olvidaron. Sin embargo, las cosas que intenté y funcionaron hicieron que me volviera notorio.

Es importante señalar que nada de lo que estaba haciendo era necesariamente revolucionario o incluso nuevo en términos generales. Sólo estaba aprendiendo habilidades nuevas a través de lecturas intencionales y consistentes, aplicando esas nuevas habilidades e ideas a mi trabajo y haciendo ajustes dependiendo de los resultados. Cualquiera podría haber hecho lo que lo hice… lo que hicimos.

El crecimiento que experimenté y los beneficios que la compañía obtuvo empezaron con el club de lectura. Si no fuera por la visión de mi jefe, Matt, cuando decidió fundar ese grupo de lectura, no habría aprendido las habilidades que necesitaba para sobresalir en mi trabajo y la compañía no habría cosechado los beneficios de mis aprendizajes.

Mi experiencia no es un caso aislado. Hay varias razones prácticas por las que empezar un club de lectura puede transformar su equipo, su compañía u organización sin ánimo de lucro en una fuerza poderosa.

Seis razones por las que su organización necesita crear un club de lectura

Dedicarle tiempo a clubes de lectura es mucho más que usar el tiempo de ocio para una actividad. Animar a sus colegas, a su equipo o a sus empleados a unirse a un club de lectura es, posiblemente, una de las maneras más efectivas en términos de costos de construir una cultura saludable, entrenar a su equipo y desarrollar futuros líderes.

Permítanos explicarle por qué.

1. Los clubes de lectura crean una cultura laboral saludable

Su cultura laboral es como una fuerza. No como la fuerza de la que escucha en *Star Wars*, sino que es una fuerza que impulsa a su organización a hacer lo que usted hace… o lo que no hace. Puede ser una fuerza de *momentum* positivo o una presencia poco saludable y desmotivante que va desgastándolo todo poco a poco. Afortunadamente la cultura de su organización no es permanente, sino que es algo que usted puede influenciar para bien o para mal.

Cuando esté influenciando su cultura laboral, tenga en mente esto: la cultura es mucho más que los valores, la misión, la visión y los objetivos. La cultura la compone la gente. Para influenciar su cultura para bien, necesita influenciar positivamente a las personas. Una manera de hacer esto, que a menudo se ignora, es a través de un club de lectura.

Los clubes de lectura pueden ayudarlo a fortalecer los valores de la compañía, a crear camaradería y a incrementar el desarrollo profesional. Cada beneficio que se viva en el club de lectura es una forma en la que podrá impulsar una cultura laboral positiva. Cuando reflexionó sobre el club de lectura de su compañía, Michael Transon, director ejecutivo de Victorious, me compartió un sentimiento similar en un correo que me envió (a Jesse), el cual decía: «creo que es una pieza invaluable para el *momentum* organizacional y la creación de la cultura». Además, añadió esto sobre los clubes de lectura: «proveen un espacio intencional y seguro en donde los altibajos del trabajo diario no pueden distraer a las personas de compartir y absorber los principios y filosofías que guían la organización en general».

Para ayudar a su creciente equipo a entender el "porqué" detrás de las decisiones que tomaban, Michael y su equipo de Victorious llevan a cabo un club de lectura en el que releen el mismo libro cada dos trimestres. De esa manera, los miembros nuevos del equipo pueden participar y los que ya hacían parte del equipo pueden zambullirse más en la fuerza que impulsa la compañía. «La decisión más efectiva que tomamos fue la de leer repetidamente el mismo libro», dijo Michael. Luego siguió compartiendo su experiencia: «es fácil distraerse con todo el contenido disponible que hay por estudiar. Si encuentra un libro realmente bueno, puede pasar años descubriendo la información valiosa que contiene y volviéndola a aplicar en cualquier situación en la que se encuentre su compañía».

¿Existe un libro o un puñado de libros que sean esenciales para la cultura de su organización? No tema leerlos una y otra vez. De esa manera se asegurará de que los nuevos miembros de su equipo entiendan quién es usted y que los empleados antiguos recuerden también quién es y lo que hace.

2. Los clubes de lectura expanden las perspectivas de los miembros del equipo

Existe un reto común al que todos se enfrentan en un club de lectura: usted no escoge cada libro que va a leer. En algunos casos, esa será una razón suficiente para que alguien no se una, y quizás lo hace por unos buenos motivos también, como creencias personales o religiosas. Aunque pensamos que usted debe disfrutar de lo que lee, en este caso, participar en un club de lectura es lo suficientemente valioso como para que aguantarse ese trago amargo y leer lo que sea que se escoja valga la pena.

Hay muchas razones para apoyar esto. Primero, leer cosas por fuera de sus preferencias o zona de confort lo forzará a leer libros que nunca habría escogido por sí mismo. Segundo, cuando lee cosas que están fuera de su zona de confort, puede que experimente alegría al descubrir un nuevo género (o al menos al confirmar su desdén por este). Tercero, cuando se exponga a ideas diferentes o a maneras distintas de hacer las cosas, descubrirá nuevas técnicas para resolver cualquier cosa a la que se esté enfrentando. Finalmente, cuando lea y discuta libros que no habría escogido por sí mismo, se verá en una posición en la que tendrá que esforzarse por ver qué piensa del tema y potencialmente expandir su punto de vista.

No se salga de un club de lectura del trabajo si piensa que no le gustará el libro. Lo retamos a que luche contra su desdén inicial y participe, incluso si al principio se compromete sólo para ver qué piensa.

3. Los clubes de lectura promueven el desarrollo de todos, incluida su organización

¿Sabe qué pasa cuando lee libros? En caso de que se haya saltado el capítulo dos, los lectores progresan profesionalmente y, en general, tienen mejores experiencias en sus carreras.

Cuando organiza un club de lectura, está pavimentando el camino para usted mismo, sus pares y su equipo para que todos crezcan profesionalmente. A medida que lean libros juntos, aprendan nuevas ideas y construyan mejores relaciones profesionales, se convertirán en personas más aptas para superar los retos laborales y resolver los problemas juntos.

Al final todo el mundo se beneficia, incluyendo su organización.

4. Los clubes de lectura desarrollan una habilidad esencial de liderazgo

Hablar en público es una habilidad esencial para liderar. No estamos diciendo que tenga que ser capaz de atraer la atención de miles de personas en una conferencia para convertirse en un líder, pero desarrollar la habilidad para hablar con claridad, con confianza y con enganche, ante grupos tanto pequeños como grandes, le servirá mucho al momento de apoyar el crecimiento de su carrera. Una forma en la que puede practicar esta habilidad crucial es uniéndose a un club de lectura.

En un club de lectura tendrá la oportunidad de hablar en público en múltiples ocasiones. ¿Está dando un resumen de un capítulo o liderando una discusión grupal? Trate esos momentos como práctica para hablar en público. ¿No le gustan las discusiones no planeadas? Prepare sus pensamientos con tiempo. ¿Alguien está hablando demasiado? Piense formas en las que pueda animar a las otras personas a participar. ¿Un miembro del grupo tiende a ser muy argumentativo? Trabaje para calmar un poco la situación. Con el tiempo, a medida que gane práctica en esas situaciones, se sentirá más cómodo a la hora de hablar con grupos.

Lleve esta idea un paso más allá y escoja un tema de un libro con el que no esté de acuerdo y explique por qué. Hacer esto lo forzará a estar preparado para defender su posición dentro de un ambiente grupal y lo acostumbrará a discutir temas sobre los que tiene opiniones diferentes a los demás. Y puede hacer esto ya sea que se encuentre liderando o solo participando en el grupo.

5. Los clubes de lectura refuerzan las relaciones laborales

Un club de lectura es una forma segura en la que puede reforzar el sentimiento de comunidad en el trabajo. Como mínimo, los clubes de lectura animan a las personas que normalmente no interactúan en el trabajo a reunirse y a hablarse. Los pequeños momentos como esos sirven mucho para llevar a las personas a sentirse más cómodas unas con otras. No todos en el club de lectura se volverán mejores amigos y esto está bien, pero al menos actuarán de una manera más amigable, lo que ayuda a que todos trabajen mejor.

Cuando se trabaja en grupo, la confianza es clave en las relaciones laborales. Cuando usted confía en sus colegas, se convierte en alguien más productivo, efectivo y dispuesto a trabajar en grupo. Y la confianza no es algo que aparezca por accidente. Es algo que se construye, o se destruye, con el tiempo.

Organizar un club de lectura en donde todos son libres de compartir, discutir y potencialmente debatir ideas puede crear un ambiente que ayude a construir confianza entre los participantes. Por supuesto, lo opuesto también es cierto si la discusión se torna acalorada o tóxica. A medida que usted y el equipo se sientan más cómodos unos con otros, esa confianza se traspasará naturalmente a otras situaciones del trabajo también.

Es más, a medida que crezca, aprenda y se adapte a las otras personas de su equipo, las relaciones laborales florecerán por el camino. De alguna forma, los clubes de lectura proveen varios ingredientes esenciales (como el tiempo, la comunicación abierta, el respeto y la aceptación) para construir relaciones sanas.

6. Los clubes de lectura le dan un retorno de inversión tangible

Los clubes de lectura tienen un retorno de inversión tangible: le permiten aplicar las lecciones que aprende. A medida que usted y su club de lectura descubran nuevas ideas, podrán aplicar esas lecciones en el trabajo, lo cual los volverá mucho mejores en aquello en lo que se desempeñan.

¿Leyó un libro sobre redacción? Experimente con nuevas fórmulas de redacción en los asuntos de sus correos, sus publicaciones en redes sociales o titulares. ¿Exploró un libro sobre liderazgo? Reflexione acerca de su experiencia e identifique los cambios que debe hacer. ¿Se devoró un libro de *marketing*? Implemente alguna nueva táctica que haya descubierto.

Cuando aplique lo que haya aprendido, sea humilde o prepárese para que lo hagan sentir humilde. Leer un libro es como poner su trabajo a la luz de un foco. Le dará un impulso de confianza en sí mismo al revelar que está implementando las mejores prácticas. O iluminará los lugares oscuros de su trabajo que podrán hacer que quiera esconderse en una esquina. En todo caso, prepárese para reflexionar sobre su trabajo y hacer las correcciones necesarias de dirección.

En algunos casos, aplicar lo que aprende como grupo puede suceder sin incidentes. Por ejemplo, si organiza o participa en un club de lectura con personas con las que trabaja, será capaz de aplicar mejor nuevas ideas o tácticas dado que todos los de su equipo estarán en la misma onda. En otras palabras, todos sabrán de qué está hablando la otra persona.

> **CHANDLER BOLT, fundador de Self-Publishing School, sobre la vida lectora.**
>
> Las ideas que hemos implementado de nuestro club de lectura interno son responsables por cientos de miles de dólares, mínimo, en ganancias para la compañía. Y eso también enriquece

las vidas de los empleados. Hace que nuestra relación sea mejor. Escogemos libros como *Los cinco lenguajes del amor,* que de verdad hacen efecto en toda la persona como tal. Así que no se incluye solo el lado profesional, sino también el personal. Es una de las cosas favoritas de los empleados. Unir a la compañía es un gran momento y eso les demuestra cuán importante es aprender y desarrollarse.

Finalmente, después de experimentar con una nueva lección, no olvide hacer un seguimiento para ver qué resultados aparecen. Eso hará que tanto usted como su grupo estén pendientes de los resultados, así que sabrán si aquello funcionó o no.

Muy bien, ahora que (ojalá) está convencido de los beneficios de los clubes de lectura, es momento de empezar uno, ¿no es así? ¡Genial! A continuación lo guiaremos para que sepa qué pasos debe dar.

Siete pasos para crear un club de lectura

Crear un club de lectura no tiene por qué ser complicado. Para hacer este proceso tan fácil como sea posible, le presentaremos aquí los siete pasos que tendrá que dar.

Paso uno: pida permiso (y apoyo)

¿Quiere crear un club de lectura oficial en el trabajo?

Lo ideal es pedir permiso primero, especialmente si las discusiones del club de lectura sucederán durante las horas laborales.

Cuando esté hablando con su jefe, con Recursos Humanos o con quien sea para pedirle aprobación, también es bueno que les pida su apoyo. Pregúnteles si estarían dispuestos a comprar los libros que usted y el grupo necesitarán, así como a darles el tiempo que requerirán para reunirse. En términos del retorno de inversión de su superior, como lo señalamos antes, permitirle crear un club de lectura será una inversión pequeña de dinero y tiempo si se compara con los grandes resultados que su compañía obtendrá al permitirles a los miembros de su equipo que se desarrollen.

> Vaya a **readtoleadbook.com/resources** para descargar una plantilla de correo que puede usar para pedir permiso y soporte financiero para crear un club de lectura en su trabajo.

Paso dos: escoja un moderador

¿Quién está liderando la discusión del club? ¿Quién está organizándolo todo? Si usted está creando el club de lectura, seguramente estas responsabilidades recaerán sobre sus hombros o sobre los de una persona con la que se alíe para que lo ayude.

Para ir hacia adelante, piense en si planea o no liderar cada discusión o si quiere delegar eso en otros para que también tengan la oportunidad. Si le sirve de algo, dado que algunos de los beneficios, como hablar en público, se experimentan principalmente si está liderando la discusión del club de lectura, lo animamos a que comparta la oportunidad y les dé a otros la posibilidad de liderar también.

Paso tres: escoja un libro

Escoger el libro correcto para su grupo es más que una decisión aleatoria. Con millones de libros disponibles por elegir y con las decenas de miles de libros que se publican cada año, puede sentirse como una hazaña escoger bien, especialmente al inicio.

Pero no se preocupe.

Podrá reducir sus opciones si responde a estas preguntas:

- ¿Cuál es su meta? ¿El desarrollo personal o profesional, o construir relaciones de equipo?

- Con respecto al desarrollo, ¿hay alguna lección específica que usted y su grupo necesiten aprender?

- En lo relacionado a construir relaciones de equipo, ¿hay algo urgente en lo que deba trabajarse?

- ¿Qué tan largo le gustaría que fuera el libro?

Siéntase libre de asumir la responsabilidad de elegir qué libro leerá el club de lectura o escoja tres o cinco opciones para que los participantes voten. Por ejemplo, yo (Jesse) quería que el equipo leyera dos libros diferentes para remediar dos vacíos de conocimiento que identifiqué en nuestra experiencia y habilidades. El equipo escogió qué libro quería leer primero, lo cual me facilitó saber qué íbamos a leer después.

Mantenga los libros que escoja relevantes para el trabajo que desempeñe. Ahora, a pesar de que le decimos esto, hay un poco de espacio para maniobrar en ciertas áreas. Con respecto a construir relaciones, por ejemplo, mi equipo y yo leímos un libro sobre el eneagrama para entender mejor nuestros tipos de personalidades. Seré el primero en admitir que no hemos hecho el mejor trabajo aplicando lo que aprendimos, pero fue un ejercicio divertido leer sobre los diferentes tipos de personalidades, descifrar quién era quién en el equipo y hablar de lo que nos motivaba, cómo respondíamos al estrés y más. Sea lo que sea que escoja leer, asegúrese de que sea relevante para las necesidades de su grupo.

Paso cuatro: fije una fecha y hora

Ahora es momento de entrar a los detalles esenciales: qué, cuándo y dónde.

Para empezar, ¿qué discutirá su club de lectura? ¿Hablarán del libro entero en un sólo encuentro? ¿O planean ir discutiendo ciertos capítulos en cada sesión? Para responder esas preguntas, considere cuánto tiempo tiene cada persona disponible para dedicarse a leer el libro antes de los encuentros. Esto lo ayudará a pensar qué tanto puede leer cada persona en un panorama realista.

> **Visite readtoleadbook.com/resources para descargar docenas de libros sugeridos de los que puede escoger. Desde libros de gerencia hasta libros de autoayuda, tenemos de todo.**

Siguiente, ¿en dónde se reunirán? Por el bien de la consistencia, planee agendar el mismo día y la misma hora para que su club de lectura se reúna y discuta el libro asignado. En general, cuando esté pensando en cuán a menudo reunirse, si planea hablar de todo el libro, dele a todos al menos un mes para leerlo. Si su objetivo es hablar de unos cuantos capítulos, entonces una periodicidad de una o dos semanas le funcionará.

Finalmente, ¿en dónde se reunirá su club de lectura? ¿En una sala de juntas? ¿En algún lugar para desayunar, almorzar o tomar café? ¿A través de una videoconferencia? ¿En algún otro lugar? Asegúrese de decirle a todo el mundo en dónde se van a reunir.

Sin importar las decisiones que tome, esfuércese por que su club de lectura sea accesible, conveniente y útil para los participantes.

Paso cinco: lea y prepárese con tiempo

Como moderador, es esencial que esté preparado con tiempo. Si alguien no puede librarse de leer el libro, ese es usted.

Antes de la reunión, cree una lista de preguntas de discusión. Para romper el hielo en el grupo, le recomendamos empezar con unas opciones fáciles como: ¿qué les gustó más o menos? ¿Qué aprendieron de este libro? Empezar con preguntas genéricas es una manera fácil de dejar la timidez de lado y hacer que las personas hablen.

Cuando se esté preparando, saque ejemplos específicos, datos o anotaciones que haya hecho del libro y llévelos a la discusión. Por ejemplo, ¿hay algo crucial que le gustaría que todos discutieran o una lección de la lectura que le gustaría resaltar? Sea lo que sea, inclúyalo en sus preguntas.

Cuando esté pensando en las preguntas, considere cuánto tiempo real tiene para dedicarse a las respuestas. Planee unos cinco o siete minutos para discutir cada pregunta, pero no se sorprenda si aparecen contrapreguntas y se desvían del camino. Si su encuentro es de cuarenta y cinco minutos, entonces prepare unas seis o nueve preguntas. De esa manera tendrá más que suficiente material para cubrir el tiempo. Pero, de nuevo, no tema hacer énfasis en una pregunta si la charla está siendo provechosa.

Aquí tiene una última cosa por considerar: también podría añadir sus preguntas a un documento editable (por ejemplo, Google Docs) y compartirlo con los participantes antes de la reunión. Eso le dará a la gente la oportunidad de buscar las respuestas y pensar en lo que van a decir. Además, si hace eso, puede invitar a los participantes a que añadan preguntas propias. Antes de la reunión, lo único que tendrá que hacer es escoger las mejores preguntas que quiera discutir durante su tiempo compartido.

Paso seis: hora de hablar

¡Ha llegado el día!

Su club de lectura se reunirá y por fin podrán hablar sobre la lectura asignada. Sí, esto puede sentirse como una tarea del colegio, pero eso no quiere decir que usted tenga que hacer que se sienta de esa manera. En cuanto a su conversación, haga que sea fácil para las personas participar y esfuércese por mantener la ligereza en su discurso.

En el grupo siempre habrá alguien que hable demasiado y otros que a duras penas hablarán. En ambos casos, prepárese para manejar esa situación de la mejor manera. Cuando alguien empiece a divagar, insértese en la conversación. Puede ser tan simple como encontrar la forma de redirigir a esa persona al hacer un comentario usted mismo o, si la situación lo amerita, hacerle saber que está divagando y que deben continuar con la discusión.

> ¿Necesita ayuda pensando en preguntas? Vaya a readtoleadbook.com/resources para descargar una lista de preguntas para un club de lectura empresarial.

Cuando se trate de convencer a alguien de que hable, diga algo como «me encantaría escuchar qué piensa de este tema» o «¿tiene algo en mente que quiera compartir?». Después dele espacio para participar o no. Recuerde, la clave es hacer que ese espacio se sienta cómodo para todos, lo que quiere decir que debe aceptar que a algunas personas no les gusta hablar mucho.

Paso siete: implemente lo que aprendió

¿Surgió una lección clara o un llamado a la acción de su conversación? ¿Hay algo que le gustaría explorar más? ¿Tiene que hacer algún cambio en su trabajo? Si algo surgió durante la conversación, encuentre el tiempo para implementar lo que aprendió. Tal como lo haría con cualquier cosa que quiere lograr, sea específico, realista, asigne la tarea (incluso a usted mismo) y proponga un cronograma.

Esto es todo lo que necesita saber sobre cómo crear un club de lectura. Todo lo que debe hacer para los siguientes encuentros es volver a dar estos pasos. Además, siéntase libre de adaptarse a su propio proceso. A medida que lidere clubes de lectura entenderá qué es lo que funciona y qué es lo que no funciona. Así que cree sus propias reglas.

Ahora es su turno

Los clubes de lectura han existido por siglos.

Desde pequeños encuentros en bares de Inglaterra, los cristianos discutiendo los sermones impresos en el siglo XVII y Hannah Crocker organizando una sociedad femenina de lectura en 1788 hasta la General Electric animando a sus empleados a organizar clubes de lectura en sus casas en la década de 1940, los clubes de lectura han existido a lo largo de los años porque son buenos para las personas y las organizaciones.

Empiece un club de lectura usted mismo o anime a alguien dentro de la organización a que se encargue de hacerlo. Considerando los beneficios científicos que leer tiene para los individuos, así como las formas en las que su empresa puede prosperar, crear un club de lectura se siente como una decisión ya tomada. Estos grupos ayudarán a que su equipo se compenetre más, les darán nuevas oportunidades de crecimiento profesional a los miembros y serán buenos para su organización.

Lecturas adicionales

Aprenda más sobre cómo crear una cultura laboral sana leyendo lo siguiente:

- *Cuando las arañas tejen juntas pueden atar a un león: el secreto de los equipos de más éxito en el mundo* de Daniel Coyle.
- *Dare to Lead* de Brené Brown.
- *Powerful: Building a Culture of Freedom and Responsibility* de Patty McCord.

CONCLUSIÓN

«Todos terminan haciendo algo con sus vidas. Y pocas personas terminan haciendo algo con propósito en sus vidas».

—Andy Stanley

En la dedicatoria de su libro *Mastering the Moment*, escrito para una raza en peligro de extinción de amantes de los libros, Tim Pollard escribe que la importancia que han tenido los libros en el desarrollo de nuestros cerebros a lo largo de los siglos no puede exagerarse. A través de los libros, aquellos «cerebros aurales» que tuvimos alguna vez evolucionaron para convertirse en «órganos capaces de funciones cognitivas mucho más complejas»[1]. Los libros han ayudado a impactar no solo *qué* pensamos, sino también *cómo* pensamos. Pero, para muchos de nosotros, los libros no tienen el lugar en nuestras vidas que alguna vez tuvieron (si es que siquiera lo tuvieron) y se han visto desplazados por las interrupciones digitales. Como especie nos estamos viendo lentamente reprogramados con respecto a cómo consumimos información. Lo más corto y lo más rápido se percibe a menudo como lo "mejor". Y la evidencia sugiere que nuestros cerebros se están viendo impactados de nuevo:

El cerebro se está reprogramando de nuevo, aunque esta vez está yendo en una dirección más preocupante. Mientras que los cerebros de siglos de lectores se hicieron más profundos, los cerebros de la generación web parecen estarse haciendo más huecos[2].

No nos malentienda. No estamos diciendo que la tecnología sea mala, pero estamos completamente de acuerdo con Pollard cuando asegura que «todo lo que he aprendido me dice que los libros, por el bien del cerebro, aún importan»[3].

Con este libro, Jesse y yo hemos intentado defender que la lectura (específicamente la lectura de *libros*) es uno de los hábitos más simples e importantes que puede desarrollar, en especial si su meta es expandir su influencia e impulsar su carrera. Hemos sido testigos de primera mano del poderoso impacto que este hábito tiene en nuestras vidas y carreras, así como en las vidas y carreras de cada lector que conocemos.

Nuestra esperanza es que no solo hayamos logrado convencerlo del impacto que la lectura consistente e intencional puede tener en su vida y su carrera, sino también equiparlo con todo lo que necesita para aprovechar la lectura al máximo.

Felices lecturas.

Jeff Brown y Jesse Wisnewski.

AGRADECIMIENTOS

De Jeff

Me gustaría agradecer a:

Jesús, por su fuerza, resistencia y la valentía para decir que «sí» ante el miedo.

Annie Brown, por ser literalmente un rayito brillante de sol todos los días. Y no solo en mi vida, sino en las vidas de todas las personas a las que conoces. Mi vida es infinitamente mejor por tenerte en ella. Tu fe inquebrantable en mí significa mucho más de lo que jamás podré expresar. ¡Te amo!

Mamá, debo agradecerte por inculcar en mí el amor por los libros cuando era niño. Gracias por todos los incansables viajes a la biblioteca, además con muchos niños, y por pasar tiempo leyéndonos en tantas ocasiones. Me abriste los ojos a un mundo de posibilidades (Proverbios, 22:6).

Mi familia de Indianápolis por los primeros treinta años (y más). A Darin y Stacy (y sus parejas, Robin y David), por ser la clase de hermanos que yo desearía haber sido para ustedes (y por no reclamarme por ello). A todas las sobrinas y todos los sobrinos que aún me dicen Tío Jeff: Joey, Katelyn, DJ, Jacob y Rachel. Ustedes hacen que mi vida se sienta plena. A mi tío Dale, mi tía Bonnie, Rodney y Brenda, porque algunos de mis mejores recuerdos de la infancia involucran a su familia. A los Clark y a los Lane, gracias por todas las risas a lo largo de los años, especialmente en las fiestas.

Todo el equipo de Love 98 WXIR, por haber sido una influencia tan positiva y provechosa para mí cuando era joven. A Dave, Richard,

Theresa, Gary S., Gary A. (que en paz descanse), Debbie, Nancy, Phil, Mike, Keith y especialmente Louis 'Chip' Gibson.

Mi familia de Tennessee, por los últimos veinticinco años (y más). Primero que todo a Annie, por supuesto, pero también a Jean y Howard Parker. No podría haber deseado que me aceptaran mejor en su familia. Gracias por la cálida bienvenida. Gracias, Laura y Luke, por ser unas de las personas más *cool* que conozco. A todos los Power y Street, sus clanes siempre me han animado a seguir adelante.

Mis muchos amigos que me han apoyado a lo largo de los años, incluyendo al antiguo equipo de 88.7 WAY-FM y sus parejas: Teresa y Roger White, Tracy y Michael Cole, y el mejor jefe del mundo, Matt Austin Shuff, y su esposa Denise.

Andrea Freeman, Laura y Travis Bryant, Lynette Wright y Anne Moran, Doug y Sheryl Griffin, Bill y Janet Scott, Weston y Kerrie Bram (así como los pequeños Urban, Chappell y Harley), Katie Jackson, Joe y Julie Leavitt y sus chicas, y Tammy Coonce. Son los mejores amigos que Annie y yo podríamos querer.

Toda la Primera Familia, especialmente Rick y Karen Blevins, Deron y Lourae Henry, Joey y Kim Scruggs, David y LeAnn Simmerman, y Steve y Kim Livengood. Un saludo especial para el pequeño grupo Grissom/Brock.

Mi grupo Power Alliance Mastermind: Darrell Darnell, John Dennis y Shawn Smith. La Zone of Genius Mastermind: Brad Miller, Cassidy Cash, Drew West, Jennifer Brenton, Joe Schum, Mark Deal, Mark Hoaglin, Matt Champagne, Scott Maderer, Seth Buechley, Steve Sponseller y Wendy Ann Gentry. Siempre me han retado a ser mejor.

Jesse, por ser el mejor compañero de escritura que podría pedir. Es una maravilla trabajar contigo.

Todos en Baker Books por ser un equipo increíble con el que trabajar: Lindsey, Brian T., Brian V., Wendy, Rachel, Sarah, Olivia, Rod, Melissa y muchos más que se me quedan por mencionar.

D. J. Snell. Aún no conozco a alguien que sea un mejor agente literario que él.

Y finalmente a los autores que me han inspirado durante la mayor parte de estos últimos años: Seth Godin, Michael Hyatt y Dan Miller. El impacto que han tenido sobre la manera en la que pienso y en mi desarrollo no puede describirse. Liz Wiseman, Chris Brigan, Nancy Duarte, Kary Oberbrunner y Tim Pollard, sus libros continúan inspirándome.

De Jesse

Jessica, gracias por meterme al mundo de los libros, por animarme a ser un hombre, un esposo y un padre mejor, y por tolerar mis chistes malos. Tu presencia en mi vida es una perpetua fuente de inspiración.

«¿Cuándo acabarás el libro?». Bueno, Peyton, Jude, Elizabeth, Jonah y Evelyn, ya lo acabé. Gracias por ser ustedes y por tolerar las noches que se me alargaban. Todos son una bendición increíble y agradezco ser su papá.

A mi tía Melody Holstein y la familia McIntyre, especialmente a Monty, Charlotte, Zach, Houston y Anika. Gracias por compartir su amor por los libros conmigo.

Mickey y Betsy Neal, son los mejores suegros que un hombre podría pedir, y gracias por su ánimo, apoyo y por amar a nuestra familia.

Un reconocimiento al miembro del personal (lo siento, he olvidado tu nombre) de la Universidad Regent que me presentó la lectura rápida en 2005. Las lecciones que compartiste conmigo no sólo me ayudaron a salir bien del posgrado, sino que aprovechaste las brasas de mi gusto por la lectura y las encendiste de nuevo, lo cual desembocó en que escribiera este libro.

Gracias, D. J. Snell, por creer en nosotros y en este proyecto, así como por siempre apoyarnos. ¡Oh!, y gracias, David y Nancy French, por escribir la introducción.

Gracias, Brian Thomasson, Brian Vos y equipo de Baker Books, por entender la visión de este libro. Estamos emocionados por animar a una nueva generación de lectores y líderes con su apoyo.

Para terminar quiero darle las gracias a Dios. Al escribir este libro recordé constantemente cómo bendices mi vida. Me has dado la habilidad y la oportunidad de expresar mi pasión por la escritura y de animar y empoderar a las personas a que lean libros.

NOTAS

Introducción

1. Truman Library Institute, "Truman Quotes", recuperado el 6 de marzo del 2021, https://www.trumanlibraryinstitute.org/truman/truman-quotes/.

Capítulo 1: por qué necesita leer como si su carrera dependiera de ello

1. "Employee Tenure Summary", U. S. Bureau of Labor Statistics, septiembre 22 del 2020, https://www.bls.gov/news.release/tenure.nr0.html.

2. Minda Zetlin, "9 Reasons There's Never Been a Better Time for Solopreneurs", *Inc.*, enero 30 del 2015, https://www.inc.com/minda-zetlin/9-reasons-there-s-never-been-a-better-time-for-solopreneurs.html.

3. Jacob Morgan, "Why Big Company Doesn't Mean Job Security", *Forbes*, 14 de noviembre del 2013, www.forbes.com/sites/jacobmorgan/2013/11/14/why-big-company-doesnt-mean-job-security/.

4. "Intuit 2020 Report: Twenty Trends That Will Shape the Next Decade", *Intuit*, octubre del 2010, http://http-download.intuit.com/http.intuit/CMO/intuit/futureofsmallbusiness/intuit_2020_report.pdf.

5. Heather Long, "The New Normal: 4 Job Changes by the Time You're 32", *CNN Business*, abril 12 del 2016, https://money.cnn.com/2016/04/12/news/economy/millennials-change-jobs-frequently.

6. Jaison R. Abel y Richard Deitz, "Do Big Cities Help College Graduates Find Better Jobs?", *Liberty Street Economics*, mayo 20 del 2013, https://libertystreeteconomics.newyorkfed.org/2013/05/do-big-cities-help-college-graduates-find-better-jobs.html.

7. "Lifelong Learning is Becoming an Economic Imperative", *The Economist*, 14 de enero del 2017, http://www.economist.com/news/special-report/21714169-technological-change-demands-stronger-and-more-continuous-connections-between-education&sa=D&ust=1604104671289000&usg=AOvVaw2si1vJ64WATFt9PN_78lXi.

8. "Groucho Marx Quotes", Goodreads, recuperado el 6 de marzo del 2021, https://www.goodreads.com/quotes/130494-learn-from-the-mistakes-of-others-you-can-never-live.

9. "Bookstores: How To Read More Books in the Golden Age of Content", video de YouTube, 37:50, publicado por Max Joseph el 23 de abril del 2019, https://www.youtube.com/watch?v=lIW5jBrrsS0.

Capítulo 2: ocho razones científicas que prueban que a los lectores les va mejor en sus carreras

1. Michael Hyatt, "5 Ways Reading Makes You a Better Leader: The Science Behind Reading and Influence", *Michael Hyatt & Co*, actualizado por última vez el 20 de enero del 2020, https://michaelhyatt.com/science-readers-leaders.

2. Universidad de Oxford. "Reading at 16 Linked to Better Job Prospects", *ScienceDaily*, mayo 9 del 2011, www.sciencedaily.com/releases/2011/05/110504150539.htm.

3. Universidad de Oxford, "Reading at 16".

4. Maja Djikic, Keith Oatley y Mihnea Moldoveanu, "Opening the Closed Mind: The Effect of Exposure to Literature on the Need for Closure", *Creativity Research Journal* 25, número 2 (2013): 149-154.

5. Contribuyente para la sección de salud, "Five Ways Reading Can Improve Well-Being", *Huffpost*, 12 de diciembre del 2016, https://www.huffpost.com/entry/five-ways-reading-can-imp_b_12456962.

6. Greg McKeown, *Essentialism: The Disciplined Pursuit of Less* (Nueva York: Currency, 2014), 95.

7. "Twelve Simple Tips to Improve Your Sleep", División de Medicina del Sueño de la Escuela de Medicina de Harvard, recuperado el 1 de noviembre del 2020, http://healthysleep.med.harvard.edu/healthy/getting/overcoming/tips.

8. Keith Oatley, "Fiction: Simulation of Social Worlds", *Trends in Cognitive Sciences* 20 (Agosto 2016): 618-628.

9. Como lo citó Shelly Levitt en "Why The Empathetic Leader is the Best Leader", *Success*, 15 de marzo del 2017, https://www.success.com/why-the-empathetic-leader-is-the-best-leader/.

10. Keith E. Stanovich, "Does Reading Make You Smarter? Literacy and Development of Verbal Intelligence", *Advances in Child Development and Behavior* 24 (1993): 133-180.

11. IBM News Room, "IBM 2010 Global CEO Study: Creativity Selected as Most Crucial Factor for Future Success", IBM, recuperado el 24 de marzo del 2021, https://www-03.ibm.com/press/us/en/pressrelease/31670.wss.

12. Djikic, Oatley y Moldoveanu, "Opening the Closed Mind", 149-154.

13. Cengage, "New Survey: Demand for 'Uniquely Human Skills' Increases Even as Technology and Automation Replace Some Jobs", Cengage, 16 de enero del 2019, https://news.cengage.com/upskilling/new-survey-demand-for-uniquely-human-skills-increases-even-as-technology-and-automation-replace-some-jobs/.

14. David Grossman, "The Cost of Poor Communications", *PRovoke*, 16 de julio del 2021, https://www.provokemedia.com/latest/article/the-cost-of-poor-communications.

Capítulo 3: la muerte lenta de los lectores

1. David Moore, "About Half of Americans Reading a Book", Gallup News Service, 3 de junio del 2005, https://news.gallup.com/poll/16582/about-half-americans-reading-book.aspx.

2. Oficina de Estadísticas Laborales de Estados Unidos, "Time Spent in Leisure and Sports Activities for the Civilian Population by Selected Characteristics, Averages per Day, 2019 Annual Averages", Departamento del Trabajo de Estados Unidos, 25 de junio del 2020, https://www.bls.gov/news.release/atus.t11A.html. Christopher Ingraham, "Leisure Reading in the U. S. is at an All-Time Low", *Washington Post*, 29 de junio del 2018, https://www.washingtonpost.com/news/wonk/wp/2018/06/29/leisure-reading-in-the-u-s-is-at-an-all-time-low/.

3. Ingraham, "Leisure Reading in the U. S. is at an All-Time Low".

4. Andrew Perrin, "Who Doesn't Read Books in America?", Pew Research, 26 de septiembre del 2019, https://www.pewresearch.org/fact-tank/2019/09/26/who-doesnt-read-books-in-america/.

5. Kristy Cooke, "Are People Still Reading Physical Books?", *Kantar*, 6 de marzo del 2019, https://www.kantar.com/uki/inspiration/sport-leisure/are-people-still-reading-physical-books/.

6. Perrin, "Who Doesn't Read Books in America?".

7. "What is PIAAC?", Centro Nacional de Estadísticas de Educación, recuperado el 24 de febrero del 2021, https://nces.ed.gov/surveys/piaac/. Melissa Block,

"Casting Aside Shame and Stigma, Adults Tackle Struggles with Literacy", NPR, 26 de abril del 2018, https://www.npr.org/sections/ed/2018/04/26/602797769/casting-aside-shame-and-stigma-adults-tackle-struggles-with-literacy.

8. Peter Katsingris, "The Nielsen Total Audience Report", El Reporte Nielsen (Q1 2019), https://s3.amazonaws.com/media.mediapost.com/uploads/NielsenTotalAudienceReportQ12019.pdf.

9. Claire Jenik, "A Minute on the Internet in 2020", Statista, 21 de septiembre del 2020, https://www.statista.com/chart/17518/data-created-in-an-internet-minute/.

10. Amy Watkins, "Number of Commercial TV Stations in the U. S. 1950-2017", *Statista*, 21 de noviembre del 2019, https://www.statista.com/statistics/189655/number-of-commercial-television-stations-in-the-us-since-1950/.

11. Martin Armstrong, "How Many Websites Are There?", *Statista*, 28 de octubre del 2019, https://www.statista.com/chart/19058/how-many-websites-are-there/.

12. Robinson Meyer, "How Many Stories Do Newspapers Publish Per Day?", *Atlantic*, 26 de mayo del 2016, https://www.theatlantic.com/technology/archive/2016/05/how-many-stories-do-newspapers-publish-per-day/483845.

13. Read Mercer Schuchardt, *Media, Journalism, and Communication: A Student's Guide* (Wheaton, Crossway, 2018), 52.

14. NPR, "Why Doesn't America Read Anymore?", NPR, 1 de abril del 2014, https://www.npr.org/2014/04/01/297690717/why-doesnt-america-read-anymore.

15. Tony Haile, "What You Think You Know about the Web Is Wrong", *Time*, 9 de marzo del 2014, https://time.com/12933/what-you-think-you-know-about-the-web-is-wrong/.

16. Nielsen Normal Group, "How People Read Online: The Eyetracking Evidence", Nielsen Normal Group, recuperado el 24 de febrero del 2021, https://www.nngroup.com/reports/how-people-read-web-eyetracking-evidence/.

17. Kate Moran, "How People Read Online: New and Old Findings", Nielsen Norman Group, 5 de abril del 2020, https://www.nngroup.com/articles/how-people-read-online/.

18. Daniel C. Richardson y Michael J. Spivey, "Part I: Eye-Tracking: Characteristics and Methods" y "Part II: Eye-Tracking: Research Areas and Application", *Encyclopedia of Biomaterials and Biomedical Engineering*, febrero del 2004, http://www.eyethink.org/resources/lab_papers/Richardson2004_Eye_tracking_C.pdf.

19. Jakob Nielsen, "How Little Do Users Read?", Nielsen Normal Group, 5 de mayo del 2008, https://www.nngroup.com/articles/how-little-do-users-read/.

20. Nicholas Carr, *The Shallows: What the Internet is Doing to Our Brains* (New York: Norton, 2011), 157.

21. Alyson Gausby, "Attention Spans", *Consumer Insights, Microsoft Canada* (primavera del 2015), http://dl.motamem.org/microsoft-attention-spans-research-report.pdf.

22. Universidad Técnica de Dinamarca, "Abundance of Information Narrows Our Collective Attention Span", *Eurekalert,* 15 de abril del 2019, https://www.eurekalert.org/pub_releases/2019-04/tuod-aoi041119.php.

23. Como lo citó Dream McClinton en "Global Attention Span Is Narrowing and Trends Don't Last as Long, Study Reveals", *The Guardian*, 17 de abril del 2019, https://www.theguardian.com/society/2019/apr/16/got-a-minute-global-attention-span-is-narrowing-study-reveals.

24. Daniel Bean, "New Study Says We Pick Up Our Smartphones 1.500 Times a Week, Stare at Them 3 Hours a Day", Yahoo, 7 de octubre del 2014, https://finance.yahoo.com/news/new-study-says-we-pick-up-our-smartphones-1-500-times-a-99412542979.html.

25. "Distracted Driving", Centros para el Control y la Prevención de Enfermedades (CDC), 26 de octubre del 2020, https://www.cdc.gov/motorvehiclesafety/distracted_driving/index.html.

26. Gloria Mark, Daniela Gudith y Ulrich Klocke, "The Cost of Interrupted Work: More Speed and Stress", Universidad de California, Irvine, recuperado el 1 de noviembre del 2020, https://www.ics.uci.edu/~gmark/chi08-mark.pdf.

Capítulo 4: las ocho excusas más frecuentes que lo están estancando y le impiden leer

1. John Maxwell, *Leadership Promises for Every Day: A Daily Devotional* (Nashville: Nelson, 2003), 154.

2. Respuestas a una encuesta solicitada por correo, 1 de octubre del 2020. 158 respuestas en total.

3. Berkshire Hathaway, "2013 Annual Report", https://www.berkshirehathaway.com/letters/2013ltr.pdf, 21.

4. Como lo citó Stuart Murray en "The Library: An Illustrated History", archivo de internet recuperado el 10 de marzo del 2021, https://archive.org/details/libraryillustrat0000murr/page/80/mode/2up.

5. Francis Bacon, "Of Studies", recuperado el 6 de marzo del 2021, https://www.psy.gla.ac.uk/~steve/best/BaconJohnson.pdf.

6. Como lo citó Herbert Lui en "Read 50 Pages Before Deciding to Drop a Book", Lifehacker, 19 de noviembre del 2014, https://lifehacker.com/read-50-pages-before-deciding-to-drop-a-book-1660458546.

7. "Automobile University – Zig Ziglar", video de YouTube, 1:50, publicado por Ziglar Inc. el 5 de enero del 2012, https://www.youtube.com/watch?v=S1XZOXMXmAA.

8. David B. Daniel y William Douglas Woody, "They Hear but Do Not Listen: Retention for Podcasted Material in Classroom Context", *Sage Journals*, 29 de junio del 2010, https://journals.sagepub.com/doi/abs/10.1080/00986283.2010.488542.

9. Morton Ann Gernsbacher, Kathleen R. Varner y Mark Faust, "Investigating Differences in General Comprehension Skill", *Research Gate*, junio de 1990, https://www.researchgate.net/publication/21016436_Investigating_Differences_in_General_Comprehension_Skill.

10. Gausby, "Attention Spans".

Capítulo 5: seis maneras para saber lo que debería (y no debería) leer

1. Como lo citó Harriet Rubin en "C. E. O. Libraries Reveal Keys to Success", *New York Times*, 21 de julio del 2007, https://www.nytimes.com/2007/07/21/business/21libraries.html.

2. Como lo citó Harriet Rubin en "What CEO's Book Collections Say About Them", *New York Times*, 20 de julio del 2007, https://www.nytimes.com/2007/07/20/business/worldbusiness/20iht-libraries.4.6757114.html.

3. Tom Jacobs, "Home Libraries Provide Huge Educational Advantage", *Pacific Standard*, 14 de junio del 2017, https://psmag.com/education/home-libraries-provide-huge-educational-advantage-14212.

4. Michiko Kakutani, "Transcript: President Obama on What Books Mean to Him",

New York Times, 16 de junio del 2017, https://www.nytimes.com/2017/01/16/books/transcript-president-obama-on-what-books-mean-to-him.html.

5.   La idea para esta pregunta, y otras cuantas en este capítulo, nació por una hoja de trabajo que Ryan Holiday llamó "Build Your Anti-Library". Aprenda más sobre su "Read to Lead: A Daily Stoic Reading Challenge" en https://dailystoic.com/read.

Capítulo 6: demasiado ocupado como para no leer

1.   Marc Brysbaert, "How Many Words Do We Read per Minute? A Review and Meta-Analysis of Reading Rate", Departamento de Psicología Experimental, Universidad de Ghent, 12 de abril del 2019, https://psyarxiv.com/xynwg/.

2.   Shea Bennett, "This Is How Much Time We Spend On Social Networks Every Day", *Adweek*, 18 de noviembre del 2014, http://www.adweek.com/digital/social-media-minutes-day/.

3.   David Cohen, "How Much Time Will The Average Person Spend on Social Media During Their Life? (Infographic)", *Adweek*, 22 de marzo del 2017, http://www.adweek.com/digital/mediakix-time-spent-social-media-infographic/.

4.   John Koblin, "How Much Do We Love TV? Let Us Count the Ways", *New York Times*, 30 de junio del 2016, https://www.nytimes.com/2016/07/01/business/media/nielsen-survey-media-viewing.html?mcubz=1.

5.   Seth Fiegerman, "Time Wasters: 11 Mind-Blowing Stats", *The Street*, 4 de diciembre del 2009, https://www.thestreet.com/slideshow/12810753/1/time-wasters-11-mind-blowing-stats.html.

6.   Jory MacKay, "Screen Time Stats 2019: Here's How Much You Use Your Phone during the Workday", *Rescue Time*, 21 de marzo del 2019, https://blog.rescuetime.com/screen-time-stats-2018/.

7.   Garland Vance, *Getting' (un)Busy: 5 Steps to Kill Busyness and Live with Purpose, Productivity, and Peace* (Author Academy Elite, 2019).

8.   Sarah Berger, "These Are the States with the Longest and Shortest Commutes—How Does Yours Stack Up?", *CNBC Make It*, 23 de febrero del 2018, https://www.cnbc.com/2018/02/22/study-states-with-the-longest-and-shortest-commutes.html.

Capítulo 8: cómo interiorizar un libro en su Sistema

1.   Mortimer J. Adler y Charles Van Doren, *How to Read a Book: The Classic Guide to Intelligent Reading* (Nueva York: Touchstone, 1972), 49.

2.   La idea de este capítulo y varios puntos que tienen que ver con la escritura de libros están inspirados por "How to Absorb a Book Into Your Bloodstream" de Demian Farnworth, *Copybot*, recuperado el 4 de marzo del 2021, https://thecopybot.com/absorb-book-bloodstream/.

3.   Olga Khazan, "How to Learn New Things as an Adult", *Atlantic*, 16 de marzo del 2017, https://www.theatlantic.com/science/archive/2017/03/how-to-learn-new-things-as-an-adult/519687/.

4.   Adler y Van Doren, *How to Read a Book*, 193.

Capítulo 9: duplique (o triplique) su velocidad de lectura en minutos

1.   Soumyaranjan Nayak, "Role of Music in Helping You Focus", *Toppr*, 3 de enero del 2017, https://www.toppr.com/bytes/music-help-focus/.

2.   Mark Seidenberg, "Sorry, But Speed Reading Won't Help You Read More", *Wired*, 24 de enero del 2017, https://www.wired.com/2017/01/make-resolution-read-speed-reading-wont-help/.

Capítulo 10: cómo "leer" un libro de 200 páginas en una hora

1. H. Y. McClusky, "An Experiment on the Influence of Preliminary Skimming on Reading", *Journal of Educational Psychology* 25, número 7 (1934): 521-529, https://psycnet.apa.org/record/1935-00842-001.

2. G. B. Duggan y Stephen J. Paine, "Text Skimming: The Process and Effectiveness of Foraging through Text under Time Pressure", *Journal of Experimental Psychology: Applied*, 15, número 3 (septiembre el 2009): 228-242, https://researchportal.bath.ac.uk/en/publications/text-skimming-the-process-and-effectiveness-of-foraging-through-t.

3. Keith Raynert *et al.*, "So Much to Read, So Little Time: How Do We Read, and Can Speed Reading Help?", *Psychological Science in the Public Interest*, 17 (enero del 2016): 4-34.

4. Gracias a Demian Farnworth por su perspectiva sobre esta técnica de lectura.

Capítulo 11: cómo crear un hábito de lectura firme

1. Daniel H. Pink, "The Power of Habits—And the Power to Change Them", *Daniel H. Pink,* recuperado el 8 de marzo del 2021, https://www.danpink.com/2012/03/the-power-of-habits-and-the-power-to-change-them/.

2. "Will Durant Quotes", Goodreads, recuperado el 6 de marzo del 2021, https://www.goodreads.com/quotes/546495-we-are-what-we-repeatedly-do-excellence-therefore-is-not.

3. James Clear, *Atomic Habits: An Easy & Proven Way to Build Good Habits & Break Bad Ones* (Nueva York: Avery, 2018), capítulo 3.

4. "How Long Does It Take for a New Behavior to Become Automatic?", *Healthline*, recuperado el 6 de marzo del 2021, https://www.healthline.com/health/how-long-does-it-take-to-form-a-habit.

5. Jack F. Hollis *et al.*, "Weight Loss during the Intensive Intervention Phase of the Weight-Loss Maintenance Trial", *American Journal of Preventative Medicine,* 35, número 2 (Agosto del 2018): 118-126, https://pubmed.ncbi.nlm.nih.gov/18617080/.

6. Benjamin Harkin *et al.*, "Does Monitoring Goal Progress Promote Goal Attainment? A Meta-Analysis of the Experiment Evidence", *Psychological Bulletin*, 142, número 2 (febrero del 2016): 198-229, https://pubmed.ncbi.nlm.nih.gov/26479070/.

7. Jeff Brown, "The Future of Behavior Design with Dr. B. J. Fogg", *Read to Lead with Jeff Brown*, pódcast, 23 de junio del 2020, https://readtoleadpodcast.com/324-the-future-of-behavior-design-with-dr-bj-fogg-and-jeff-brown-of-read-to-lead-podcast/.

8. Gabrielle M. Turner-McGrievy y Deborah F. Tate, "Weight Loss Social Support in 140 Characters or Less: Use of an Online Social Network in a Remotely Delivered Weight Loss Intervention", *Translational Behavioral Medicine*, 3 (2013): 287-294.

9. Maxwell, *Leadership Promises for Every Day,* 234.

Capítulo 12: la clave para (casi) dominar cualquier tema

1. "Most Powerful Speech: The 3 Rules to a Less Complicated Life", video de YouTube, 6:27, publicado por Goalcast el 30 de octubre del 2017, https://www.youtube.com/watch?v=8YFTJuJkrts.

2. John B. Horrigan, "Lifelong Learning and Technology", Pew Research Center, 22 de marzo del 2016, https://www.pewresearch.org/internet/2016/03/22/lifelong-learning-and-technology/.

3. Andrew Perrin, "Who Doesn't Read Books in America?", Pew Research Center, 26 de septiembre del 2019, https://www.pewresearch.org/fact-tank/2019/09/26/who-doesnt-read-books-in-america/.

4. Andre Perrin, "One-in-Five Americans Now Listen to Audiobooks", Pew Research Center, 25 de septiembre del 2019, https://www.pewresearch.org/fact-tank/2019/09/25/one-in-five-americans-now-listen-to-audiobooks/.

5. Peer Laja, publicación de Twitter, 13 de enero del 2020, 11:31 a. m., https://twitter.com/peeplaja/status/1216774897587888128.

6. Jeff Haden, "These 10 Scientific Ways to Learn Anything Faster Can Change Everything You Know about Dramatically Improving Your Memory", *Inc.*, 13 de diciembre del 2018, https://www.inc.com/jeff-haden/these-10-scientific-ways-to-learn-anything-faster-could-change-everything-you-know-about-dramatically-improving-your-memory.html.

7. Josh Kaufman, *The First 20 Hours: How to Learn Anything… Fast!* (Nueva York: Portfolio, 2014).

8. Johns Hopkins, "Want to Learn a New Skill? Faster? Change Up Your Practice Sessions", Johns Hopkins Medicine, enero 28 del 2016, https://www.hopkinsmedicine.org/news/media/releases/want_to_learn_a_new_skill_faster_change_up_your_practice_sessions.

9. Art Markman, "Test Yourself to Learn Better", *Psychology Today*, 23 de Agosto del 2011, https://www.psychologytoday.com/us/blog/ulterior-motives/201108/testyourself-learn-better.

10. Aubrey Francisco, "Ask the Cognitive Scientist: Distributed Practice", *Digital Promise: Accelerating Innovation in Education*, 8 de mayo del 2019, https://digitalpromise.org/2019/05/08/ask-the-cognitive-scientist-distributed-practice/.

11. Colin M. MacLeod *et al.*, "The Production Effect: Delineation of the Phenomenon", *Journal of Experimental Psychology: Learning, Memory, and Cognition*, 36, número 3 (mayo del 2010) 671-685, https://pubmed.ncbi.nlm.nih.gov/20438265/.

Capítulo 13: quince tips sobre cómo leer de una manera más inteligente

1. J. Edward Glancy, "An Encouragement to Read (or Reread) John Bunyan's *The Pilgrim's Progress*", *Knowing & Doing*, 26 de febrero del 2018, https://www.cslewisinstitute.org/An_Encouragement_to_Read_John_Bunyans_The_Pilgrims_Progress_FullArticle.

2. Catherine Clifford, "Billionaire Warren Buffett Discusses the Book that Changed His Life", *CNBC Make It*, 2 de febrero del 2017, https://www.cnbc.com/2017/02/02/billionaire-warren-buffett-discusses-the-book-that-changed-his-life.html.

3. Como lo citó *Ryan Holiday* en "Books to Base Your Life On (The Reading List)", Ryan Holiday, recuperado el 1 de noviembre del 2020, https://ryanholiday.net/reading-list/.

4. Como lo citó Maria Popova en "Umberto Eco's Antilibrary: Why Unread Books Are More Valuable to Our Lives than Read Ones", *Brain Pickings*, 24 de marzo del 2015, https://www.brainpickings.org/2015/03/24/umberto-eco-antilibrary/.

5. Kevin Hendricks, "Reading Habits Questions", 25 de septiembre del 2020, correo electrónico personal.

Conclusión

1. Tim Pollard, *Mastering the Moment: Perfecting the Skills and Processes of Exceptional Presentation Delivery* (Washington, DC: Conder House Press, 2019), página de la dedicatoria.

2. Pollard, *Mastering the Moment*.

3. Pollard, *Mastering the Moment*.

ACERCA DE LOS AUTORES

Jeff Brown es un productor de radio premiado, personalidad pública y antiguamente presentador de un programa nacional de televisión matutino. Después de más de veinticinco años en la industria musical y de la radio, Jeff quiso ser su propio jefe y lanzó el pódcast *Read to Lead*, que ha sido nominado cuatro veces el Mejor Pódcast de Negocios. Jeff ha entrevistado a cientos de autores, todos líderes en sus respectivas industrias, incluyendo a Seth Godin, Simon Sinek, John Maxwell, Liz Wiseman, el doctor Henry Cloud, Brian Tracy, Nancy Duarte, Stephen M. R. Covey y Alan Alda. Vive en Tennessee con su esposa Annie y sus tres perros salchicha.

Jesse Wisnewski es un profesional de *marketing* de nivel sénior y un autoproclamado bibliófilo. Ha escrito para *Forbes, CNBC Make It, The Muse, Observer* y más. Tiene una maestría del Seminario Teológico Gordon-Conwell y un título de *marketing* de la Universidad de Marshall.